Max Büdinger

Der Patriciat und das Fehderecht

Max Büdinger

Der Patriciat und das Fehderecht

ISBN/EAN: 9783743670914

Hergestellt in Europa, USA, Kanada, Australien, Japan

Cover: Foto ©Suzi / pixelio.de

Weitere Bücher finden Sie auf **www.hansebooks.com**

DER PATRICIAT UND DAS FEHDERECHT

IN DEN

LETZTEN JAHRZEHNTEN DER RÖMISCHEN REPUBLIK,

EINE STAATSRECHTLICHE UNTERSUCHUNG

VON

MAX BÜDINGER,

WIRKLICHEM MITGLIEDE DER KAISERLICHEN AKADEMIE DER WISSENSCHAFTEN.

WIEN, 1886.

IN COMMISSION BEI CARL GEROLD'S SOHN

BUCHHÄNDLER DER KAIS. AKADEMIE DER WISSENSCHAFTEN.

SEPARATABDRUCK AUS DEM XXXVI. BANDE DER DENKSCHRIFTEN DER PHILOSOPHISCH-HISTORISCHEN CLASSE DER KAISERLICHEN AKADEMIE DER WISSENSCHAFTEN

Einleitung.

— difficile est plus intelligere, quam quan-
tam ex monumentis auspicari licet.
Cicero, Brutus 13, 52.

Die nachfolgenden Untersuchungen bilden eine Ergänzung der im XXXI. Bande
dieser Denkschriften im Jahre 1881 mitgetheilten Beobachtungen über das Verhältniss
Cicero's zum Patriciate.

Ich konnte damals die Stellung darzulegen nur beginnen, welche der Stand der einstigen ausschliesslichen Inhaber der römischen Staatsgewalt in den letzten Jahrzehnten
der Republik einnahm. Als vorzüglichster Zeuge dieser Stellung war eben der unver-
gleichliche Schriftsteller zu vernehmen, der den Patriciat sein langes Leben hindurch
bekämpft und dessen Macht schwer genug an sich selbst erfahren hat.

Aber Cicero hat sich für das grosse staatsrechtliche Problem doch nicht so ergiebig
erwiesen, als sich voraussetzen liess: gegen einige für uns Spätgeborene besonders erhebliche und nächstliegende Fragen, wie die Interregnalordnung, verhält er sich schweig-
sam ablehnend und sogar unwillig. Gleichsam gegen seine Absicht, in der leidenschaftlichen Erregung seiner gefahrvollen Kämpfe, bringt er mit den eigenen Worten der
patricischen Gegner, Rivalen und Freunde die Zeugnisse über das geltende, meist un-
geschriebene Recht des kleinen Kreises der noch immer einzig vollberechtigten Staatsgenossen.

Es ist freilich beinahe undenkbar, dass Cicero allein in der ausgehenden Republik
den Gegenstand zu literarischer Erörterung gebracht haben sollte. Von so vielen hoch-
gebildeten und so manchen publicistisch thätigen Männern, welche der Patriciat jener Zeit

1

in sich schloss, dürften doch Einige Recht und Anspruch desselben irgendwie schriftlich formulirt haben. Aber selbst ein so gewissenhafter Forscher wie Asconius scheint schon keine Arbeit derart gekannt zu haben. Es wird das übrigens weniger Verwunderung erregen, wenn man erwägt, dass ein so wesentlicher Theil des neuern europäischen Staatsrechts, wie ihn die Hausgesetze der regierenden Fürstenhäuser bilden, zum Theile erst ganz neuerlich oder überhaupt noch nicht zur Veröffentlichung gelangt ist.

Mir aber blieb bei der letzten Prüfung dieser Fragen und bleibt auch jetzt nur übrig, auf Umwegen den Versuch einer Erkenntniss zu unternehmen.

Die gegenwärtige Untersuchungsreihe ist, obwohl sie neue Fragen zu beantworten sucht, doch in vieler Beziehung nur eine Ergänzung der frühern. Bei der Erwägung der in dem Titel dieser Abhandlung genannten so disparat scheinenden Begriffe ist mir eine erfreuliche Anzahl eindringender Forschungen der letzten Jahre zu Statten gekommen; ich habe nicht wenige Ergebnisse dieser Arbeiten hier vereinigen können.

Zugleich hoffe ich darzulegen, wie weit die deutschen Rechtsbegriffe von Fehde und Sühne, welche mein Freund Heinrich Siegel seit fast dreissig Jahren mit standhafter Ueberzeugung ausgebildet hat,[1] auch auf dem Gebiete des römischen Staatsrechtes ihre begrenzte Stätte finden.

Erstes Capitel.

Personalstand.

§. 1. Clauverband.

Die sämmtlichen Gentes oder Claus aufzuzählen, welche der Patriciat der letzten, uns im Uebrigen am besten bekannten Jahrzehnte des römischen Freistaates noch enthielt, ist mit unseren Mitteln nicht möglich. Die Zahl der nachweisbaren Gentes ist jedoch grösser als man früher annahm.

Es wird im Gegensatze zu früheren Auffassungen als Grundsatz festzuhalten sein,[2] dass Personen mit Gentil- und Zunamen, wie sie Patricier in früheren Zeiten führten, des Anspruches auf Zugehörigkeit zu diesem Stande nicht verlustig erklärt werden dürfen, weil uns Zwischenglieder ihres Stammbaumes fehlen. Auch lässt sich die Annahme als unbegründet erweisen, Scheinübertritte zur Plebs, durch blos nominelle Adoptionen unter Beibehaltung der vollen bisherigen patricischen Benennung, vor dem Jahre 89 v. Chr. als zulässig anzusehen, d. h. vor den drei einzigen uns bekannten Fällen mit je éinem Angehörigen der gens Sulpicia, Claudia und Cornelia; Fälle wie diese drei sind aber unter geordneten Zuständen des römischen Staates überhaupt weder nachweisbar, noch verständlich.

---

[1] Geschichte des deutschen Gerichtsverfahrens (1857) I, 10 ff. Deutsche Rechtsgeschichte (1886) 394 ff., 417 ff.

[2] CP (so bezeichne ich meine in der Einleitung erwähnte Abhandlung ‚Cicero und der Patriciat‘ in diesen Denkschriften, XXXI, 211—273 = 3—65 des Separatabdruckes, nach welchem ich citire) 48, 64, Anm. 1 und 2.

Es liegt nun allerdings eine entgegengesetzte, jedoch bei der Dürftigkeit unserer Nachrichten über die älteren Zeiten der Republik nicht mehr aufzuhellende Thatsache vor. Servilii Gemini sind[1] bald nach dem ersten oder während des zweiten punischen Krieges ohne Namensänderung aus dem Patriciate ausgetreten. Wie aber schon die Wahl des ersten notorischen Plebejers der Familie zum Volkstribun und plebejischen Aedilen auch sonst irregulär war und nachträglicher Gutheissung durch Volksbeschluss bedurfte,[2] so will es mir überhaupt nicht zulässig scheinen, diese Singularität zum Ausgangspunkte[3] der sonst unerweislichen Theorie zu machen, dass solche Austritte einfach legal zulässig gewesen seien. Am wenigsten wird man freilich an ein Verschwinden von ganzen patricischen Gentes in der Plebs durch ein solches Kunststück denken dürfen, wie denn auch meines Wissens von Derartigem bei keinem Schriftsteller des Alterthums die Rede ist.

Andererseits liegt aus den letzten Jahrzehnten der Republik der Fall vor, dass zwei Brüder, Söhne eines plebejischen Claudius Marcellus, der von einem Cornelius Lentulus adoptirt, also in den Patriciat aufgenommen war, unter Beibehaltung des Namens von Cornelii Lentuli mit einem zweiten Beinamen Spinther und Marcellinus, vermuthlich nicht ohne förmliche Transition, zur Plebs zurücktraten.[4] Der Fall ist, so weit ich sehe, nicht correct; aber da sich von der Lentuli genannten Familie[5] der cornelischen Gens im ersten Jahrhundert nachweislich mindestens vier patricische Familien mit dem zweiten Beinamen Sura, Clodianus, Crus und Niger abgezweigt hatten, so war für die ihrer kurzen Patricität wieder verlustig gewordenen Söhne des adoptirten Marcellus und deren Nachkommen die Scheidung von den patricischen Gentilen an sich so deutlich, wie sie bei nur einem Cognomen des patricischen Theiles durch ein anderes Cognomen des plebejischen Theiles gewesen wäre.[6]

Sempronii Atratini wird man hiernach, mit Vermeidung der bisherigen Cirkelschlüsse, für Cicero's Zeit ohne Weiteres dem Patriciate zuzuweisen haben.[7]

Schwerer fällt freilich die Entscheidung, wo ein für die betreffende Gens bezeugtes Cognomen bei einem Manne fehlt, dessen Zugehörigkeit zum Patriciate aus anderen Gründen zu präsumiren sein würde. Die Frage ist in unserem Falle wichtig, weil sich je nach ihrer Beantwortung die Fortexistenz von zwei patricischen Familien feststellen oder abweisen lässt.

So habe ich schon in der vorausgehenden Abhandlung die Furii Crassipedes als dem Patriciate wesentlich gesichert bezeichnet.[8] Wegen der Curtii Postumi muss ich das

[1] Mommsen, Römische Forschungen I, 113; Willems, Sénat Romain I, 273, 313.
[2] Livius 27, 21, 10; 30, 19, 9.
[3] Mommsen a. a. O. I, 124; Willems a. a. O. I, 79 n.
[4] Ich gebe hiermit die Ansicht von der Patricität beider mit Cicero befreundeter Männer, namentlich Marcellinus' auf, welche ich mit Drumann noch C P 44 ff. festhielt. Ich schliesse mich nunmehr den Hauptergebnissen der so scharfsinnigen als gedankenreichen Untersuchung von Willems (Sénat I, 444 ff.) an, wenn ich dieselbe auch nicht in allen Punkten für überzeugend halten kann; dass Spinther vielleicht doch nicht Plebejer geworden sei, wird jedoch im §. 2 am Schlusse ausgeführt.
[5] Das Nähere unten in §. 2 über den Begriff der patricischen Familie und unten 8. 11 über die Ausschliessung der Scipiones Asinae und Nasicae vom Scipionengrabe.
[6] Von einer Analogie zu den von Mommsen, Forschungen I, 51, betonten, im ersten Jahrhundert aufkommenden Verschiebungen der Namen Adoptirter (z. B. Q. Caepio Brutus) muss man hierbei gänzlich absehen. Vgl. im Uebrigen unten §. 2 am Ende.
[7] C P 48, Anm. 2. G. Bloch, Les origines du sénat Romain (recherches sur la formation et la dissolution du sénat patricien. Bibliothèque des écoles Françaises d'Athènes et de Rome 1883, fasc. 29°) 180 meint kurz, dass sie: ne sont très-probablement pas patriciens.
[8] C P 48, 52 f. und 56, Anm. 1. Bloch 114 hält die Sache für unsicher, meint immerhin, man könne diese Furii dem Patriciate beifügen (ajouter).

1*

früher' von mir Bemerkte weiterbegründen; indem ich ihre Patricität bestimmter betonen zu können meine.

Die Präsumtion hiefür entnehme ich folgender Erwägung.

Cicero hält bei Murena's Vertheidigung den vier gegnerischen Anklägern als unvernünftig vor, dass sie an seinem, notorisch aus alter plebejischer Nobilität stammenden Clienten den Mangel an vornehmer Abkunft schelten. Das setzt doch voraus, dass in den Augen der Ankläger plebejische Nobilität nicht von Werth zu sein schien. Eine solche Auffassung hat aber nur Sinn, wenn sie sämmtlich oder überwiegend Patricier waren. Nun befindet sich unter ihnen Marcus Cato, der den Vorwurf aus doppeltem Grunde nicht erheben konnte: denn er war selbst Plebejer[2] und seine nobilitas generis reichte,[3] wie die Murena's, nur in die vierte Generation, wenn auch der Letztere nur drei Prätorier als Vorfahren zählte. Cato aber den berühmten Ahnherrn als Censorier und Consular, und in den Augen mancher Leute ein consularisches Geschlecht höher als ein prätorisches stand.[4] Wie hätte sich Cicero's Lauge entgehen lassen, die Ungereimtheit der Behauptung aus Cato's Munde hervorzuheben! Immerhin ist der Vorwurf der Ankläger[5] in Cicero's Auge ein sehr ernst zu nehmender.

Denn es wird sich ja jetzt wohl Niemand mehr darüber täuschen, dass der grosse Redner trotz und eigentlich wegen all' der schönen Phrasen — dass ,nicht Alle Patricier sein können, auch wahrlich nicht darnach verlangen', ,dass es auch angesehene und ehrenwerthe plebejische Familien gebe' und wie diese Neidausbrüche des Niedriggeborenen sonst lauten' — es überaus schmerzlich empfand, dem Stande der Clanhäuptlinge nicht anzugehören: durch sein langes Leben und nicht am wenigsten bei den verschiedenen vollzogenen wie beabsichtigten Vermählungen seiner Tochter hat er intime Beziehungen mit dem Patriciato gesucht.

Wenn sonach Cato für den gegen Murena erhobenen Vorwurf des Mangels edler Abkunft ausser Betracht bleibt, dann muss derselbe von den drei anderen Vertretern der Anklage erhoben sein. In Bezug auf zwei, nämlich den Hauptankläger, den durch Murena um den Consulat gebrachten Servius Sulpicius und dessen Sohn steht die patricische Abkunft durchaus fest. Man wird sie unter diesen Umständen auch für die Person des dritten Anklägers C. Curtius Postumus,[1] des ,intimen Jugendfreundes' (familiarissimi[2]) Cicero's, zu beanspruchen haben.

Er war von Sulla proscribirt worden, aber entkommen; dann mit Cicero's Hilfe zurückgekehrt, hatte er aus dem Schiffbruche seines Vermögens noch ein Gut bei Volaterrae

[1] CP 31 mit Anm. 9 (wo für Ibidem: ,Pro Murena' zu lesen) und 10.
[2] Die ,plebejische Curiosität', nach welcher Sallust Cato mit Caesar in Bezug auf Herkunft ,nahezu gleich' stellt, habe ich CP 31, Anm. 1 erörtert; die Zusammenstellung Beider (Catil. 54) ist wegen einigen Mangels innerer Wahrheit des grossen Geschichtschreibers überhaupt nicht ganz würdig.
[3] Die Stammtafeln bei Drumann IV. 183; V, 95. Die Abkunft Murena's betont Cicero selbst in der Rede 7, 15.
[4] Pro Plancio 8, 14: hic familia consulari est, ille praetoria.
[5] Non arbitrabar, cum ex familia vetere et illustri consul designatus ab equite Romano filio consule defenderetur, de generis novitate accusatores esse dicturos. Pro Murena 8, 17. Bis dahin, von 7, 15 an, hatte Cicero nur den Eltern Servius Sulpicius wegen des Vorwurfes bekämpft.
[6] Pro Sulla 5, 23, pro Murena 7, 15 und alle die anderen CP 21, 34, 35, 48 ff., 51, Anm. 1 und 3 verzeichneten Stellen.
[7] Hölzl, Fasti praetorii 48, n. 3 gibt das paternus amicus der Murenians 27, 50 zwischen Belegstellen für Cicero's Freundschaft, während es sich um eine von Murena's Vater datirende Bezahlung handelt. Dass das ,multis nominibus' in Cicero's Verrinen (II, I, 39, 100) nicht auf die Namen, sondern auf Ansprüche geht, würde ich unerwähnt lassen, wenn nicht selbst Willems durch die irrige Erklärung sich hätte täuschen lassen.
[8] Ad famil. XIII, 69, 1; dazu XIII, 5, 2: C. Curtio ab ineunte aetate familiarissime sum usus, wofür denn auch der warme Inhalt des ganzen Briefes spricht, und der Hebers über Aemtorehrgeiz (dibuphum cogitat) in dem Briefe an Caelius über den Curtius noster ist nicht entgegen: Ib. II, 16, im Jahre 49.

gerettet und dort den Rest seiner Habe geborgen.[1] Einer seiner Freigelassenen, nach Cicero' besonders aufopfernd und treu, lebte sehr wohlhabend in Ephesus. C. Postumus bekleidete die Quästur um das Jahr 72, bewarb sich vergeblich im Jahre 63 um die Prätur,[3] schwärmte voll Aemterehrgeiz im Jahre 49 für Caesar, zu dem er eilte (currens ad illum), doch wie es scheint, nur mit Worten. Nach dem Besuche auf der Reise bei Cicero urtheilte dieser über ihn wie etwa gleichzeitig über Calenus;[4] er wünscht damals gutmüthig, obwohl dieses Curtius' ‚Patron‘, der wilde Lucius Domitius möge den Krieg fortsetzen, wo er diesen nicht zu sehr brauche.[5] Caesar nahm ihn — doch wohl auch als Patricier — in den Senat auf, traf aber eine Verfügung, die ihn seines Gutes zu berauben drohte, so dass Cicero wieder und aufs wärmste für ihn eintrat,[6] wohl mit Erfolg, so dass er auf den Einfall kam, sich für das Jahr 44 um den Consulat zu bewerben.[7] Das Ende dieses C. Curtius Postumus ist unbekannt. Ein als Aedilicier, Gerichtsvorsitzer und Verres' Freund von Cicero im Jahre 70 gescholtener Quintus Curtius Postumus[8] und endlich ein Gnaeus' desselben Namens werden eben in diesem gehässigen Processe erwähnt; sie dürften zu derselben Familie, unbekannt in welchem Verwandtschaftsgrade, gehören. In Bezug auf die Herkunft einer ganzen Anzahl sonst bei Cicero erwähnter Curtier liegt nichts vor, ihre Zugehörigkeit zur Plebs zu bezweifeln.

Wie weit das Cognomen Postumus, das ja ebenso gut als Eigenname verwendet werden kann, bei einem Patricier überhaupt Schlüsse zu ziehen gestattet, wie weit ferner die Thatsache gleicher Cognomina bei Patriciern und Plebejern derselben Gens nachweislich oder auch nur anzunehmen sei, wird später zu erörtern sein.

Noch habe ich zweier Gentes zu gedenken, welche in dem nachfolgenden, wahrscheinlich noch immer recht unvollständigen Verzeichnisse aufzuführen sind; dasselbe ergänzt die frühere Zusammenstellung.[10]

Von den Pinarii, welche in demselben erscheinen, habe ich nur der Nattae mit Begründung ihrer Zugehörigkeit zum Patriciate gedacht;[11] es war mir entgangen, dass schon Drumann[12] nach einigen Fehlgriffen die Pinarii Scarpi als Patricier erkannt hatte; ihre Verschwägerung mit Caesar ist ein nicht unerhebliches Moment für Octavian's

---

[1] Ad famil. XIII, 5, 2.

[2] Ad famil. XIII, 69 (aus dem Jahre 46).

[3] Willems, Sénat I, 509.

[4] Ad Atticum IX, 2 A, 3; 5, 1 mit C P 12. Nach Hölzl's Vorgang (Fasti praet. 88) hat Willems, Sénat I, 526, um die Hoffnung eines nur als Curtius bezeichneten auf den Consulat für das Jahr 44 regulär einzureihen, demselben, obwohl doch auch Antonius vor 44 nie Prätor war, nach dem cursus honorum Prätur und Quästur in spätestens den Jahren 47 und 56 gegeben, ihn für identisch mit dem M. Curtius gehalten, den Cicero erst im Jahre 54 durch seinen Bruder Quintus kennen lernte (Ad Quintum III, 1, 8, 10), den er Caesar als Kriegstriban empfahl und nach Caesar's Tode ruhig anhörte, als dieser ihm Vorwürfe über sein Benehmen machte, ut pudeat vivere (Ad Atticum XIV, 9, 2). Den Beinamen Postumus hat er aber bei Nonrrca, leider auch bei Willems, wenngleich in Klammern. Gaius Curtius Postumus' Figur hebt sich doch ganz harmonisch aus dem Briefwechsel ab.

[5] ... quovis potius certe quam ut Curtium videat, quem ego patroana aspicere non possum. Ad Atticum IX, 6, 2.

[6] Ad famil. XIII, 5, 2.

[7] O tempora! Fore, quum dubitet Curtius consulatum petere. Ad Atticum XII, 49, 1. Die Sache könnte auch auf einen Scherz Caesar's hinausgehen.

[8] II Verr. 1, 59, 100; 1, 61, 158.

[9] Willems I, 508 hält für möglich, dass II Verr. 1, 39, 100 Cn. für C. verschrieben sei; aber solche Conjectur scheint mir bei handschriftlicher Ueberlieferung stets zu kühn.

[10] C P 46, Anm. 5.

[11] C P 47 f.

[12] III, 466; mit dem Cognomen hatte er geirrt oder den Vornamen übersehen: I, 488, 76; II, 140, 60; III, 466.

Geschichte.[1] Auf die Fortexistenz der Veturii in das erste Jahrhundert vor Christo hat
man neuerlich aufmerksam gemacht.[2] Ob die Sergii, welche zu einer bindenden Cognominalbezeichnung niemals gelangt zu sein scheinen,[3] nicht auch nach Catilina's Tode
fortbestanden, ist ungewiss; dass Catilina der letzte des ganzen Geschlechtes gewesen
sei, finde ich doch nicht ausdrücklich überliefert. Von den Papirii, die ich hier mit-
einzureihen wage, wird noch später die Rede sein.[4]

Im Jahre 63 vor Christo, in welchem nach Cicero der Patriciat oder besser ein
Theil desselben als Stand noch einmal die Herrschaft zu ergreifen suchte,[5] sind an patricischen Gentes folgende nachzuweisen:

Aemilia, Claudia, Cornelia, Curtia (?), Fabia, Furia, Julia, Maulia, Papiria (?), Pi-
naria, Postumia, Quinctia, Quinctilia, Sempronia. Sergia, Servilia, Sulpicia, Valeria,
Veturia.

§. 2. Familien.

Ich beabsichtige nicht, hier eine Aufzählung der in den letzten Jahrzehnten der
römischen Republik nachweisbaren Unterabtheilungen der patricischen Gentes zu liefern;
doch hoffe ich, dass keine bedeutende in der Untersuchung über Cicero und den Patriciat übergangen sei. Es kommt mir vielmehr hier darauf an, die Eigenthümlichkeit der
patricischen Familien dieser Zeit darzulegen. Es gehört nun zunächst zu den leidigen Analogieschlüssen, welche unsern Blick für die Eigenart römischer Staatsentwicklung getrübt
haben, dass man in den Cognomina eine Familienbezeichnung von der Art gesehen hat,
wie sie seit dem eilften und zwölften Jahrhundert bei den romanischen und germanischen Nationen aufgekommen ist.

Vielmehr hat sich gezeigt, dass die Cognomina freilich[6] zuerst in dem patricischen
Theile einer Reihe von Gentes, vielleicht der meisten, aufgekommen sind, aber nur mit
dem Werthe von Individualnamen, wie die Vornamen selbst, mit denen sie zum Theile
identisch sind. Wenn schon Mommsen erkannte, dass die Cognomina ,den persönlichen
gleichartig und aus ihnen hervorgegangen sind',[7] so hat G. Bloch,[8] indem er diesen Gedanken weiter begründete und das Aufkommen des Beinamens den Patriciern zuwies,
doch anderseits mit Recht hervorgehoben, dass der Mangel des festen Cognomen keineswegs die Angehörigen der neuen Nobilität und Personen dunkler Herkunft charak-
terisire.

Hier sei denn auf eine weitere Beobachtung über die Natur des patricischen Cognomen hingewiesen, welche sich mehrfach auch in der uns beschäftigenden Zeit geltend
macht. Es handelt sich um die verhältnissmässige Gleichgiltigkeit des Beinamens und
dessen Wechsel in ungetheilt gebliebenen patricischen Gentes.

[1] An die summo loco aati aach Clcero's Worten (IV Catil. 8, 16; pro Murena 35, 73) sei hier nochmals erinnert.
[2] Bloch 164. Er bezieht sich auf Pauly's Realencycl. VI, 2540. Entscheidend ist wirklich Cicero in Q. Caecilium 19, 63:
neque L. Philoni quaestori in C. Servilium Vatiam praetorem suum nominis deferendi potestas est data cet.
[3] Bloch 164.
[4] Vgl. nuten §. 2 Exeurs.
[5] . . . generosa stirpe . . . profectam cladem pestemque. De divin. II, 11, 20 mit dem C P 21 und 86 erörterten Zusammenhange.
[6] Mommsen, Römische Forschungen I, 57.
[7] Mommsen a. a. O. I, 49.
[8] a. a. O. 126, 310 — weiter gehend als Mommsen a. a. O. I, 57, schwerlich mit Grund —, 128 f., 136.

Die Sergier, welche mit Catilina nach dem Dominate des Reiches strebten, haben allem Anscheine nach in directer Linie in dieser Art wechselnde Cognomina, welche hier doch niemals eine Theilung des in der Gens gebietenden Patriciates bezeichnen; ähnliches gilt für lange Zeit von den Claudii; stets scheint sogar dasselbe bei den Julii der Fall gewesen zu sein, die sich seit dem zweiten punischen Kriege sämmtlich als Caesares wie früher als Iuli bezeichneten; ähnlich mag das Verhältniss bei den Voturii gewesen sein. Acht weitere uns bekannte stets ungetheilt gebliebene Gentes, zu denen die Quinctilii Vari und die Sempronii Atratini der uns beschäftigenden Zeit gehören, sind doch sämmtlich mit Cognomina ausgestattet; bei noch vier anderen wenig genannten lässt sich nur eine Cognominalform nachweisen, also ebenfalls die Präsumtion der Ungetheiltheit erheben.[1]

Der Senat der beginnenden Kaiserzeit hat, nachdem Caesar und Augustus den Patriciat zu einem verleihbaren Range entwürdigt hatten, sich berechtigt gehalten, den Antonii und Calpurnii Pisones gewisse Vornamen zu untersagen. Er ersetzte auf diese Weise ein Stück der alten Gentilverfassung, nach welcher nicht nur die patricischen Manlier die Abschaffung des Vornamens Marcus, sondern auch, wenn Sueton (Tiberius c. 1) nicht irrt, die patricischen Claudier die Einführung des Beinamens Nero beschliessen konnten. Dem entspricht doch, wenn beide Hauptzweige der Servilii von Anfang an auch den Beinamen Structus führen, bei den Manlii sogar doppelte Cognomina wechseln.[2]

Aber von den Namen ganz abgesehen, liegen doch Zeugnisse vor, welche einen Beschluss der patricischen Gentilen zur Gründung eines gesonderten Zweiges anzunehmen nöthigen. Jede Gens, mindestens in ihrem patricischen Theile, hat ihren eigenen Begräbnissplatz, wie das von Valeriern, Claudiern und einigermassen auch Fabiern bezeugt ist;[3] sie bildet somit, wie die stadtrömische Christengemeinde im zweiten Jahrhundert der Kaiserzeit, eine Art von collegium funeraticium.

Ueber diese wie über so viele andere Fragen inneren römischen Verfassungslebens würden wir freilich auf das Beste unterrichtet sein, wenn Polybius seiner Abneigung gegen Alles, was an dynastisches Recht und altadeligen Vorzug erinnert, nicht auch in der Schilderung römischer Verfassung und Sitte zu sehr nachgegeben hätte. Er handelt eingehend und vielfach belehrend von den römischen Bestattungsformen:[4] der Angehörige des Patriciates erscheint aber hier nur als ἐπιφανής, wie jeder zur Nobilität gekommene Plebejer; das Wort, welches ja freilich auch Personen von Stande bezeichnet, ist hier um so weniger treffend, als auch die Aufstellung der Gesichtsmaske im Hause εἰς τὸν ἐπιφανέστατον τόπον verlegt wird. Das ius imaginum hätte aber auch schon von Polybius, wie dies neuerlich in diesen unseren Denkschriften[5] geschehen ist, namentlich in Bezug auf den Ursprung dieser Sitte dargethan und die moralische Wirkung derselben entbehrt werden können: ,als Keimpunkt ihres Entstehens ist die feierliche Parade (collocatio) adeliger Leichen zu betrachten'. Auch würde vollends den griechischen Leser zu erfahren interessirt haben, was dort weiter angeführt wird, dass bei den alten

[1] Bloch 144, 145—150, 150 f., 153 ff., 156, 169.
[2] Bloch 158 ff., 179.
[3] Bloch 107, 230.
[4] Polybius VI, 53 (598 Hultsch).
[5] O. Benndorf, Antike Gesichtshelme und Sepulchralmasken, Band XXVII, S. 370.

Römern die eigentliche Bestattung erst am neunten, die eventuell vorhergehende Verbrennung am achten Tage nach dem Ableben erfolgte.[1]

Hier erhebt sich nun die Schwierigkeit, zu bestimmen, wie weit bei patricischen Gentes, die sich nach selbständigen Zweigen geschieden hatten, eine gemeinsame Theilnahme an der Bestattungsfeier stattfand. Die Wahrscheinlichkeit ist nach der gleich zu erwähnenden Ausschliessung jüngerer Scipionenzweige von dem gemeinsamen Grabe nicht eben für eine solche Betheiligung. Immerhin liegen aus dem ersten nachchristlichen Jahrhundert zwei Nachrichten vor, welche das Leichenbegängniss als Sache der Gens zu bezeichnen scheinen.

Die ältere, aus Kaiser Tiberius' späterer Zeit, besagt, dass bei jeder Leichenfeier der Corneliscben Gens das Abbild des ältern Scipio Africanus aus dem Heiligthume des Capitolinischen Jupiter geholt werde, wo es sich statt im Vorhause der Familienwohnung befinde.[2] Wie der Aufbewahrungsort der Maske des Siegers von Zama hier als eine Singularität erscheint, so könnte ja auch durch Gentilitätsbeschluss von den sämmtlichen patricischen Familien des cornelischen Clans dieselbe bei Leichenfeiern aufgeführt worden sein; aber zunächst würde man doch meinen müssen, dass das vornehmlich bei den verschiedenen Zweigen der Scipionen Sinn hatte.

Bedenklicher steht es mit der andern Nachricht. Der ältere Plinius meldet zunächst, was mit Polybius' Angaben stimmt, dass ‚bei den Vorfahren‘ die wächsernen Gesichtsmasken in Behältern des Vorhauses aufbewahrt und jedesmal bei einem Leichenbegängnisse verwendet wurden; aber er fügt ausserdem hinzu, dass diese Leichenbegängnisse gentilicische gewesen seien und ‚immer‘ die sämmtlichen Glieder der Familie aus allen Zeiten, wie er sich ausdrückt: ‚das ganze Familienvolk‘ den Verstorbenen so gleichsam geleitet hätten. In dieser Form kann man die Nachricht nicht für richtig halten, schon weil notorisch mindestens bei Plebejern nur die Masken früherer höherer Magistrate aufgeführt wurden. Aber auch das ‚gentilicische‘ Leichenbegängniss wird wohl nur bei ungetheilten Gentes stattgefunden, und Plinius dürfte den Unterschied nicht mehr gekannt haben, der in seiner Zeit, bei der Spärlichkeit altpatricischer Häuser,[3] trotz Claudius' und Vespasian's Creirungen, und bei der Unwahrscheinlichkeit, dass noch patricische Trennungen nach Familien irgend erforderlich waren, wohl überhaupt nicht mehr vorhanden war. Oder sollte gar die Sitte damals schon wesentlich modificirt gewesen sein, da Plinius so ausdrücklich von der Vergangenheit redet?[4]

Das Scipionengrab, welches um die Mitte des vierten Jahrhunderts vor Christo angelegt worden sein mag,[5] ist doch wohl an sich ein Zeugniss, dass die patricischen Cornelier mit dieser Ausscheidung des mit dem Beinamen Scipio bezeichneten Theiles der Cornelii Malugиnenses einverstanden gewesen sein müssen. Ihrerseits haben die Scipionen

---

1 apud majores octavo (die) incendebatur, nono sepeliebatur, was noch aus Horaz belegt wird. Servius zur Aeneis V, 64 (I, 320 Lion). Vgl. Mommsen, Staatsrecht I², 426—432 über die Ruklusi- und Ahnenfrage.

2 Imaginem in cella Iovis optimi maximi positam habet; quae quotiescunque funus aliquod Corneliae gentis celebrandum est, inde petitur, usique illi instar atrii Capitolium est. Valerius Maximus VIII, 15, 1 (422 Halm).

3 Tacitus ab exc. XI, 25.

4 apud majores in atriis haec erant, quae spectarentur ... expressi cera vultus singulis disponebantur armariis, ut essent imagines, quae comitarentur gentilicia funera, semperque defuncto aliquo totus aderat familiae eius qui unquam fuerat populus. Plinius, nat. hist. XXXV, 2, 6 (V, 108 Detlefsen).

5 hoc ... sepulcrum proprium fuit Corneliorum Scipionum ... ab initiis usque ad interitum stirpis clarissimae per quattuor fere saecula CIL. I, 12. Borghesi, Oeuvres IX (1879), 214.

die Scipiones Nasicae und Asinae, welche sich im dritten Jahrhundert als eigene Zweige abschieden, zu dem Scipionengrabe, so viel man sieht, nicht zugelassen.[1]

Aus derselben cornelischen Gens ist von dem, wie es scheint,[1] besonders angesehenen Zweige der Cethegi überliefert, dass sie herkömmlich in einer sonst bei den Römern für anstössig geltenden Weise Schultern und Arme entblössten:[2] die Sitte setzt auch ihrerseits voraus, dass die Cethegi nicht ganz nach Gentilitätsordnung lebten. Eben diese Zweige der patricischen Cornelier haben aber doch in anderer Beziehung — auch von der etwaigen Aufführung jenes Bildes des ältern Africanus bei allen cornelischen Leichenfeiern abgesehen — unter einem engern Bande herkömmlicher Gentilordnung gestanden, als ein solches etwa seit den beiden letzten Jahrhunderten die beiden Zweige des Clanes Campbell verbindet, welche unter den Häuptlingsfamilien von Argyle und Breadalbane eine ganz gesonderte Existenz führen.

Denn es ist durch Cicero[4] vollkommen gut bezeugt, dass bis auf Sulla kein patricischer Cornelier nach dem Tode verbrannt, sondern bei Allen die Sitte der Bestattung des Leichnams beobachtet wurde. Ob Sulla überhaupt entgegen diesem Herkommen die Verbrennung seines Körpers anordnete, ist mehr als zweifelhaft. Bei Granius Licinianus wird sogar direct behauptet,[5] er habe seinen Körper zu begraben und nicht zu verbrennen befohlen.[6] In Appian's eingehender[7] Schilderung der Leichenfeier wird der Testamentsabfassung näher gedacht, aber hiebei mindestens keineswegs einer besondern Anordnung über die Bestattung; die ganze Feier samt der Verbrennung auf dem Marsfelde erscheint hier vielmehr nur als Wirkung einer sofort nach des Dictators Tode eingetretenen Parteithätigkeit.[8] Granius' mit Appian's Bericht ziemlich gleichwerthige Nachricht[9] nennt L. Marcius Philippus als Beantrager dieser Leichenverbrennung. Cicero aber gibt, wenn auch zweifelnd, der Vermuthung Ausdruck, Sulla habe gefürchtet, dass seinen Gebeinen das Geschick der Zerstreuung bereitet werden könne, welches er selbst Marius' bestatteten Resten bereitet hatte; aber Cicero, der es doch vielleicht besser als Andere wissen konnte, sagt immerhin bestimmt, Sulla habe verbrannt werden ,wollen'.[10] Indem er im

---

[1] et . . . ad hanc sepulturam admissi non esse videantur. CIL. I. I.

[2] Man vergleiche die, C P 21 Anm. dritter Absatz, für den letzten Cethegus beigebrachten Stellen.

[3] Drumann II, 554. Die Bitte widerspruch der von Cicero, De officiis I. 35 gegebenen Anstandsregel: ne quid effeminatum aut molle et ne quid durum aut rusticum sit.

[4] gentemque Corneliam neque ad nostram aetatem hac sepultura solitus esse usam, De legibus II, 22. Plinius VII, 54, 187 (II, 41 Detlefsen) betreffende Nachricht ist nicht primären Werthes, aber zur Aufklärung der alten Sitte wichtig: [quum] cremare apud Romanos non fuit veteris instituti, terra condebantur. at postquam longinquis bellis obrutos erui cognovere, tunc instituium, et tamen multae familiae priscos servavere ritus, sicut in Cornelia nemo ante Sullam dictatorem traditur crematus est.

[5] Plutarch, Sulla 38 hebt nur hervor, dass Lepidus' Anhänger ihm keine gesetzmäßige Bestattung (νόμιμος ταφή, ταφή) gewähren wollten, Pompejus aber die Leiche nach Rom sendete και ταῖς ταφαῖς ἀσφάλειαν ἅμα καὶ τιμὴν παρέσχε — Worte, die sehr sorgsam gewählt sind und schwerlich von Plutarch stammen. Derselbe hat in Pompejus' Biographie (c. 13) die ausdrücklichere Nachricht, dass Pompejus, obwohl in Sulla's Testament ganz übergangen, doch dessen Leichenfeier zu eigenen Resten mitbewirkt habe, [ἐπέσχε] οὐ τινων ἄλλων ἐπιτρεψάντων μὴ ταφῆναι τὸν νεκρὸν ἐν τῇ κιλίᾳ. Sollte Lepidus auf die Bestattungsstätte der Cornelier hingewiesen haben?

[6] [Lücke] . . . [con]di corpus jusserat, non combari cet. p. 49 sq. ed. Bonn. (1858).

[7] Bürgerkriege I, 105—107.

[8] γίγνεται δ' οὖθεν ἐν ἔτει στάσει ἐκ' αὐτῇ II, 671, 9 ed. Mendelssohn 1881.

[9] sed L. Philippus cremandum potius censuit ne idem Sullae eveniret, quod C. Mario, cuius corpus milites luimici (d. h. nicht auf Sulla's Befehl) extractum monimento disjecerant. Granius Licinianus l. l.

[10] C. Marii suas reliquias . . . dissipari jussit Sulla . . . Quod haud scio an timeus suo corpori posse accidere, primus e patricia Cornelia igne voluit cremari. Cicero l. l. Darnach wohl Plinius (vgl. oben Anm. 4; II, 41 Detlefsen): in Cornelia nemo ante Sullam dictatorem traditur crematus [itque voluisse veritum talionem ermo C. Mari cadavere.

1

Jahre 43 an C. Cassius gleichgiltig genug, ‚um überhaupt etwas zu schreiben‘, den Tod eines Neffen des Dictators meldet, fügt er hinzu: ‚das Volk kümmerte sich nicht darum; denn fest stand, dass er verbrannt worden sei‘.[1] Man kann das wohl allenfalls dahin deuten, seit der Leichenfeier des Dictators sei es in seinem Geschlechte Sitte geworden, die Todten zu verbrennen;[2] aber näher liegt doch die Deutung, dass P. Sulla nun doch einmal todt und zwar verbrannt worden sei; wie weit das nach seinem eigenen Willen oder gar nach einem Familienbrauche geschah, wird nicht gesagt.

Bildete nun auch die Gens eine Art von collegium funeraticium, so lässt sich doch, wie das Beispiel der Cornelii Sullae zeigt, durchaus nicht sagen, wie weit ihre Rechte in Bezug auf einen einmal ausgeschiedenen und auch seinerseits zur Corporation gewordenen Zweig derselben giengen. Eine neuerlich aufgestellte Theorie ist daher nicht haltbar, nach welcher der Gens stets das Recht geblieben sei, auf Grund der Gemeinsamkeit des Namens und der Sacra den Gebrauch von Sondergräbern und eines Beinamens zu untersagen.[3]

Denn auch für die Beinamen lässt sich ein solches Recht nicht durchaus und mit genügender Begründung behaupten. Es ist neuerlich mit Erfolg darauf aufmerksam gemacht worden, wie viele der ältesten Beinamen, zum Theile sogar für Zweige von Clans, einfach nach den Auswanderungs- oder Herkunftslocalitäten gebildet sind.[4]

Was von gentilicischem Erb- und Eigenthumsrechte und von Gentilvertretung des Patriciates zu unserer Kunde gelangt ist,[5] lässt an zuverlässiger Grundlage durchaus zu wünschen.

Nach der allgemeinen Analogie römischen Familienrechtes kann man annehmen, aber keineswegs beweisen, dass nach einer Trennung der Gens in Zweige[6] — und es wurde oben (S. 9) bemerkt, dass es stets ungetrennte Gentes gegeben hat — jeder dieser Zweige unter einem Oberhaupte gestanden habe.

---

[1] Nos hic — tamen ad te scribam aliquid — Sullam patrem mortuum habebamus: alii a latronibus, alii credidate dicebant: populus non curabat: combustam enim esse constabat. Hoc pro tua sapientia feres aequo animo, quamquam πρόσωπον πόλεως (d. h. doch wohl: ‚eine echte Stadtrömerfigur‘) amisimus. Caesarem putabant moleste laturum, verentem ne hasta refrixisset. Ad famil. XV, 17, 2.

[2] Das ist die Meinung auch Drumann's II, 498, 11.

[3] Le seul droit, qui lui (à la Gens) fût demeuré, c'était de leur (aux familles) imposer, à toutes ou à plusieurs, une communauté de nom et de rites; en d'autres termes, de leur interdire, sauf autorisation l'usage d'un cognomen et d'un tombeau particuliers. Bloch 310.

[4] Nach Willems I, 11 ff.; Bloch 235—239, 310. Hei so vielen schönen Ergebnissen dieser Arbeit sind manche elementare Irrungen um so befremdlicher. Der pontifex maximus wird gar S. 275 dem Patriciate zugewiesen; il était … patricius … le chef de la communauté spirituelle formée par le patriciat, obwohl das doch ein patricisches Vorrecht nur bis auf unsere ersten gleichzeitigen Nachrichten, d. h. bis auf Fabius Pictor war.

[5] C P 8. Anm. 6 ist erwähnt, was Gens. Das patricische Mom. hierfür beigebracht hat. Hinzu kommen noch die Bemerkungen bei Bloch 269—272.

[6] Eine Art ‚révolution‘ habe das bewirkt; aber séparant la gens en groupes distincts avec un pater à la tête de chacun. Bloch 189, der es wieder patricii von patrem ciers im eminenten Sinne ableitet. Das ist gewiss zulässig. Minder günstig ist aber für den Verfasser, dass ihn der Gedanke an altfranzösischen Baronialwesen immer wieder zu Analogieschlüssen treibt. Aus deren Primogeniturrechten, aber keineswegs aus römischer Ueberlieferung erklärt sich Bloch's Ansicht (187), dass stets der Aelteste als pater familias an der Spitze einer Gens stehen müsse; car on ne voit pas d'autre titre pour justifier ce privilège! Der Verfasser meint auch, dass wie etwa der König durch die Legisten im altfranzösischen Parlamente: (190) le roi forçait la main au patriciat: il introduisit au sénat des membres plébéiens. In den Gentes nimmt er eine nouvelle noblesse, durch welche der absterbende ältere Adel sich verjüngte: cette aristocratie plébéienne pleine de sève et d'énergie (121); man meint von dem ereirten königlichen Adel seit dem fünfzehnten Jahrhundert zu hören, wie ja (282) gelegentlich von den débris de notre aristocratie die Rede ist. Welche Analogieleiden hat doch das römische Staatsrecht seit Niebuhr zu bestehen!

Ueber den Namen, welchen der Zweig des Clanes bei den Römern führte, wird nunmehr eine Bemerkung am Platze sein. Man hat ihn als stirps bezeichnet.[1] Da wäre eher an die von der stirps als Stamm ausgehenden rami zu denken, wie ja Cicero in der poetischen Schilderung der catilinarischen Verschwörung den gesamten Patriciat als generosa stirps bezeichnet,[2] und Kaiser Nero die ganze von Aeneus stammende julische Patriciergens als Julia stirps.[3]

In der That basirt aber die, wie mir scheint, ganz irrige Vorstellung wohl nur auf der viel erörterten Stelle in Cicero's Buch vom Redner (I, 39, 176).[4] Das Centumviralgericht hatte bei einem Erbschaftstreite der plebejischen Claudii Marcelli mit den patricischen Claudii sich zwischen stirpis und gentilitatis jus zu entscheiden. Ich denke, dass doch nichts Anderes gemeint sein kann, als der Erbschaftsanspruch des ganzen, in der Häuptlingsfamilie rechtlich lebenden claudischen Clans im Gegensatze zu dem gemeinrechtlichen Erbanspruche nach Abstammung von dem ersten nachweislich freigeborenen Manne unter den Vorfahren, das heisst eben: stirpe.[5] Als ob ein patricischer Claudier das Clientelproduct der Claudii Marcelli jemals als einen Theil des eigenen Herrscherhauses hätte betrachten können! Selbstverständlich trat ein solcher Patricier, wie jener Prätor C. Claudius Pulcher vom Jahre 105 vor Christo bei einer Frage des Marcellischen Patronatsrechtes auf Sicilien,[6] für das wohlerworbene Recht eines Sprossen dieser einstigen Gefolgsleute recht gern ein. Gerade die Action jenes patricischen Prätors geht aber aus der Anschauung hervor, dass die Marcelli nach ihrer Abkunft, d. h. stirpe, von dem Eroberer von Syrakus Marcus Marcellus als juristische Einzelwesen den Rechtsanspruch besitzen, nicht aber als Glieder einer unter fester Vorstandschaft stehenden Genossenschaft, wie sie nur dem Patriciat zukomme.

Uns aber sollte doch genügen, dass so deutlich als möglich von Sallust wie Livius die Familia als der Zweig der Gens, z. B. die Familia der Sullae und der Scipiones als Theile der Gens Cornelia bezeichnet werden.[7] Aber es ist freilich anderseits nicht minder gewiss, dass wie in heller historischer und vollends in der uns beschäftigenden Zeit die patricischen Quinctilii, Sempronii, Sergii, Julii, Veturii keine Zweige oder Familiae bildeten oder anerkannten, so einst auch, wie schon wiederholt bemerkt wurde, nicht wenige andere später getheilte Gentes solcher entbehrten.[8] Livius denkt sich in dieser Art ungetheilt die Fabii bei der Katastrophe an der Cremera und sagt deshalb von ihnen, sie seien sowohl eine Gens als eine Familia gewesen.[9] Selbstverständlich tritt dieser Fall auch für die vorher genannten Gentes und dann ein, wenn wie etwa eventuell bei Curtii Postumi, alle Zweige bis auf einen erloschen sind: dann fallen wieder Gens und Familia zusammen.

Die sonstigen Bedeutungen des letztern Wortes im gewöhnlichen Sprachgebrauche und seine Etymologie haben uns hier so wenig zu beschäftigen, wie etwa die dunkle

[1] Mommsen, Römische Forschungen I, 49 ff.
[2] De divin. I, 12, 30, Vers 19.
[3] Tacitus, ab etc. XII, 58.
[4] Ausdrücklich bezieht sich Bloch 186 auf diese Stelle, um zu behaupten: dans Cicéron c'est la stirps, qui s'oppose à la gens!
[5] Aehnlich erklärt die Stelle Em. Hoffmann, Forsten und Senaten (Wien 1866) 20, Anm. 51, wenn auch mit anderm Ausgangspunkte.
[6] ... adhibitis omnibus Marcellis qui tam erant de eorum sententia leges Halesinis dedit. II Verr. II, 49, 122.
[7] Sallust, Jugurtha 95 und Livius XXXVIII, 58, 3, schon von Bloch a. a. O. citirt.
[8] Vgl. oben S. 8, Anm. 8, und S. 9.
[9] omnes patricii, omnes unius gentis ... unius familiae ... Livius II, 49.

Ableitung des Wortes Pomerium von irgend welchem Werthe für die Erkenntniss dieser wichtigen staatsrechtlichen Institution ist.[1]

Dagegen haben wir hier die Frage zu erwägen, ob und in wie weit plebejische Familien sich durch Fälschung zu patricischen machen konnten: in diesem Falle würde die Patricität der Furii Crassipedes, Sempronii Atratini, Pinarii Nattae und Scarpi, endlich der Curtii Postumi bedenklich genug sein.

Indem von den neueren Forschern solche Fälschung in umfassendem Maasse angenommen wird, bezieht man sich vornehmlich auf eine Aeusserung Cicero's.[2]

Der grosse Redner ist gewiss eine entscheidende Autorität für solche Fragen, wenn ihn nicht ein unmittelbar praktisches oder ein Advocateninteresse zu einer Veränderung des Thatbestandes veranlasst. Diesmal bringt er wirklich die Nachricht in einer seiner unbefangensten literarischen Untersuchungen. In der That aber besagt dieselbe auch nur, dass es gefälschte Standesveränderungen gebe, indem man Plebejer gleichen Namens (nominis) in eine fremde Sippe gegossen habe. Diese Worte scheinen mir aber doch in ihrem natürlichen Zusammenhange, ja nach ihrem einfachen Gebrauche vollkommen deutlich. Wie Cicero für seine plebejischen, notorisch zu volskischen Tullii gehörigen Vorfahren jeden Zusammenhang mit den römischen patricischen Tullii ablehnte,[3] welche ,im zehnten Jahre nach Vertreibung der Könige zum Consulate gelangt' waren, so erklärt er hier eine Anzahl ähnlicher, von Plebejern erhobener Ansprüche für unecht, spricht aber keineswegs von einer, wiederum nach falscher Analogie moderner Adelsfälscher vermutheten, ganz unmöglichen Anmassung patricischen Charakters.

So wenig es also jemals — mindestens vor der Standeserhöhung Cicero's im Jahre 45 v. Ch.[4] — in Rom patricische Tullii Cicerones gegeben hat, eben so wenig ist bei eben denen, welche Cicero's Vorwurf der Fälschung im Auge hat, an eine andere Namensgleichheit als die des Namens im eminenten Sinne, d. h. der Claubezeichnung und allenfalls[5] des für unsern Zweck weniger erheblichen Individual- oder Vornamens zu denken. Freilich äussert sich Cicero ein anderes Mal: ,unter dem Namen muss das Cognomen verstanden werden';[6] aber eine hierzu gestellte Vorschrift des Repetundengesetzes[7] belehrt, dass neben dem nomen Vater, Tribus und Cognomen verzeichnet werden sollen, das Cognomen also keineswegs ohne Weiteres mit dem Namen gemeint ist. Das freilich möchte ich nicht verbürgen, dass nicht Cicero auch an eine ihm nahestehende plebejische Familie gedacht habe, die mit dem Gentil- auch einen patricischen Beinamen schwerlich gehöriger Weise führte; seinen Freund Ser. Sulpicius Rufus nennt er aber nie mit dem Cognomen.[8]

Neben jener ciceronianischen Stelle wird auch ein Fragment aus Cassius Dio geltend gemacht, nach welchem in den Zeiten des beginnenden Ständekampfes einzelne Patricier aus Angst vor volksgerichtlicher Verfolgung zur Plebes übergegangen wären.[9]

---

[1] Adolf Nissen, Beiträge zum römischen Staatsrecht (Strassburg 1885) 10.

[2] Et (falsae) a plebe transitiones, quum homines humiliores in alienum ejusdem nominis infunderentur genus. Brutus 16. 62.

[3] Ich glaube nochmals auf die schon CP 15, Anm. 6 benutzte Stelle aufmerksam machen zu sollen, welche sich als schöner Beweis von Cicero's Verachtung falscher Ahnenschaft a. a. O. des Brutus findet.

[4] CP 8 ff.

[5] Mommsen, Römische Forschungen 1, 47.

[6] nomen enim dicimus, cognomen intelligatur oportet. De Invent. 2, 9, 28.

[7] Mommsen a. a. O. 45.

[8] Vgl. unten am Ende des Excurses über die Mucii Scaevolae. Ueber die Sulpicier CP 32 f.

[9] ... ὥστε καὶ τῶν εὐπατριδῶν τινας, ἐπειδή μηδὲν ἄλλως ἴσχυον, ἐς τὸ πλῆθος ἐσγράφεσθαι μετατετάχθαι. Fr. 22. (1, 26 ed. Dindorf.)

Wie hätte sich der so kundige Cicero eine solche beschämende Thatsache entgehen lassen, wenn sie irgend mit Namen zu belegen gewesen wäre! Ich denke, man kann ohne Bedenken die Nachricht zu den demagogischen Erfindungen des ersten Jahrhunderts v. Chr. über das durchaus unbekannte Alterthum werfen.

Excurs über Masones, Bruti und Scaevolae.

Die Grundlage für die Behauptung der Namengleichheiten patricischer und plebejischer Familien bilden unabhängig von Cicero und Cassius Dio für die neuere Forschung die drei im Titel dieses Excurses genannten Geschlechter. Aus ihren Namen resultiren dann auch die angeblichen Transitionen nach dem Muster der mehrerwähnten drei notorischen des letzten Jahrhunderts der Republik oder die angebliche Anmassung von patricischen ausgestorbenen Namen durch beliebige Emporkömmlinge.[1]

Es ist denn doch für das Verständniss des Patriciates dieser Zeit und seiner Ansprüche nicht gleichgiltig, den Ungrund der Sache zu erkennen — ganz abgesehen davon, dass sich aus der grossen Zahl überlieferter Namen nicht ein einziges Beispiel von Anmassung anderer berühmter patricischer Cognomina, welche ausgestorbene Familien geführt haben, nachweisen lässt.

Auf das Argument von den Papirii Masones, welches bei einem so hervorragenden und competenten Forscher wie Herrn P. Willems[2] als das entscheidende gilt — die daneben figurirenden Pinarii Nattae und Sempronii Atratini sind wohl nach unseren Ausführungen ohnehin weggefallen — gibt Cicero selbst die völlig ausreichende Antwort. Seinem verehrungsvollen Correspondenten L. Papirius Paetus, den er gelegentlich[3] wegen eines unpassenden Ausdruckes wie einen Schüler ausschilt, erzählt er in anmuthiger Form eines antiquarischen Scherzes[4] die Vergangenheit der papirischen Gens[5] an deren patricischem nun ausgestorbenem Häuptlingstheil: man glaubt von einem hochschottischen Clan zu lesen. Er ermahnt sehr ergötzlich den nach Ciceronianischer Redegewalt, also nach Höherm strebenden guten Freund. der mit der Geschichte seiner eigenen Gens so gänzlich unbekannt ist, seine plebejischen Standesgenossen fein zu verachten und sich wieder seinem Patriciate anzuschliessen;[6] er solle die Wachsmasken desselben als von Patriciern der Gens stammend anerkennen.[7] Unter diesen hervorragenden Vertretern verschiedener Familien[8] der patricischen Gens führt Cicero (§. 2) auch L. Maso aedilicius auf, indem er sich mit leichtem Irrthume nicht erinnerte,

dass dieser im Jahre 176 zur Prätur aufstieg,[1] noch auch, dass als der erste dieses Zweiges
ein C. Maso im Jahre 231 zum Consulate gelangt war. Cicero fügt hinzu, von diesem
Aedilicier L. Maso hatten Viele den Namen: inde multi Masones. Man sollte glauben,
dass L. Paetus den Anlass zu seiner irrigen Behauptung gerade von einem Maso genommen hätte, der sich, und, wie es scheint, nach Cicero's Ansicht: mit Recht,[2] patricischer Abkunft berühmt. Es dürfte eben der M. Papirius Maso sein, der seinen Halb-
bruder Aelius Ligus,[3] einen Cicero feindseligen Tribun vom Jahre 57, vom Erbe aus-
schloss und sich sechs Jahre später mit demselben Bruder um die Gunst eben Cicero's
bei dessen Reise nach seiner Statthalterschaft mindestens bewerben wollte.[4] Das Wahr-
scheinliche scheint mir, dass dieser M. Maso, sei es Paetus selbst, sei es einem Berichterstatter desselben gegenüber, seiner patricischen Abstammung gedacht habe, an die
man wohl bei der ganz unbedeutend gewordenen Familie nicht mehr glaubte; aber
Papirii Masones unter die Patricier der Zeit mit Bestimmtheit einzureihen, möchte ich
doch nicht wagen.

Viel wichtiger für die Streitfrage, ob eine volle Gleichnamigkeit von patricischen
und plebejischen Familien stattgefunden haben könne und nachweislich sei, ist das Verhältniss der Junii Bruti.

An der Geschichtlichkeit der patricischen Junii in der Königszeit und der beginnenden Republik zu zweifeln, liegt kein Grund vor, und die neuesten Forscher nehmen
sie auch einstimmig an.[5] Eine andere Frage ist die nach der Glaubwürdigkeit der
Figur des angeblichen patricischen Befreiers. Die Widersinnigkeiten der Ueberlieferung
sind denn auch längst erkannt.[6] Am wenigsten sollte, um einen sogenannten Kern
von Wahrheit zu retten, ins Treffen geführt werden, was die ‚lex curiata ostendit a L.
Bruto repetita'. Man hat in ihr ein ‚Grundgesetz' der römischen Republik gesehen und
dasselbe ins Einzelne restituiren zu dürfen geglaubt,[7] wie denn schon in Pomponius'
Handbuch[8] von einem durch diesen Brutus veranlassten ‚tribunicischen' Gesetze die
Rede war, das ungefähr als ein solches ‚Grundgesetz' gedacht gewesen sein dürfte.
Neuerlich hat man anderseits[9] in diesem angeblichen Curiatgesetze die ‚von Brutus' ver-
anlasste feierliche Abschwörung des Königthums gesehen, welche Livius (II, 1, 9) be-
richtet und an der ja auch ohne den Namen eines Antragstellers gemäss allgemeiner
Ueberzeugung der Römer nicht entfernt zu zweifeln ist.

Von Brutus' Curiatgesetze spricht aber unter allen römischen Schriftstellern des
Alterthums nur Tacitus[10] als einem von ihm gesehenen (ostendit) in einem Excurse über
die Quästur. Da nun weder Diodor noch Livius, noch Dionysius ein solches Aktenstück

[1] Liv. XLI. 14; Willems I, 346; Bloch 162.
[2] ... il est certain, qu'ils n'étaient pas patriciens, schliesst Willems I, 80 eben aus diesem Briefe, wie auch ich irrig früher gethan habe.
[3] Frater patruelis. De domo 9, 49; vgl. Drumann II, 274.
[4] De Masone et Ligure quum venerint. De illo, quod Chaerippus, quoniam hic quoque ἐφόδιον αὐτὸν αἰτεῖ αὐτολίστι, o provincia! etiamme hic mihi curandus est! Ad Atticum V, 4, 2.
[5] Mommsen, Römische Forschungen I, 108; Willems, Sénat I, 86; Bloch 111.
[6] Besonders zusammengefasst von Schwegler, Römische Geschichte I, 775—786, 803 f., II, 48; an der letztern, die Leichen-feier durch P. Valerius Poplicola zusammenfassenden Stelle ist denn aber doch des valerischen Interesses an der Sache nicht gedacht.
[7] So der verewigte Ludwig Lange I², 668—671.
[8] Dig. 1, 2, 2, 3.
[9] Ernst Herzog, Geschichte und System der römischen Staatsverfassung (1884) I, 50.
[10] Ab excessu XI, 22.

kannten, so darf dessen Publication ohne Gefahr auf Verrius Flaccus zurückgeführt werden, welcher, nächst Atticus und einigermassen Cicero, allein, so viel sich erkennen lässt,[1] die eben von Atticus zusammengebrachten Annales maximi methodisch benutzt hat. In ihnen hat man, wenn nicht Alles trügt, die Quelle der verwunderlichen Aufzeichnung zu erkennen. Da die δέλτοι des Pontifex maximus aus den Anfangszeiten der Republik seit dem gallischen Brande verloren waren, so dürfte bei der allmählichen, gar mannigfacher Provenienz entstammender Compilirung dieser quasihistorischen Sammlung ein Aktenstück von der Art des bei Tacitus genannten wirklich als Bedürfniss erschienen und von Atticus ohne Bedenken aufgenommen worden sein. Wie freilich ein echtes, auf Verfassungsangelegenheiten bezügliches Stück jener frühen Zeiten ungefähr ausgesehen hat, mag man aus dem einzigen auf uns gekommenen, dem Fragmente der nach dem Decemvirate entstandenen lex ‚Icilia‘[4] schliessen, welches in gedrängter Fassung einige sehr positive vermögensrechtliche Bestimmungen für die damalige Plebes,[3] aber durchaus keine ‚Grundrechte‘ enthält.

Die von Tacitus als Brutus' Curiatgesetz bezeichnete Arbeit mag denn in der That nach dem den späteren Römern geläufigen Schema eine regelrechte Skizze republikanischer Staats- und Aemterordnung, die Quästur eingeschlossen, enthalten und von ihrem Verfasser auch wirklich, wie man sie seit Pomponius und wieder neuerlich verstanden hat, als eine Art Verfassungsurkunde mit Lucius Junius Brutus' Namen gemeint gewesen sein. Ihr Hauptinhalt wird zuerst im Jahre 46 vor Chr. von Cicero angegeben.[4]

So seltsam und aller sonstigen römischen Ueberlieferung widersprechend die Sache auch klingt, so dürfte ihre Entstehung sich doch in ihren Hauptzügen vielleicht verfolgen lassen.

Die scurrilen Züge im Leben des angeblichen patricischen Befreiers von der Tarquinierherrschaft wird man in Ennius' Annalen zu suchen haben, auf welche jetzt mit überraschender Klarheit als eine häufig benützte und für derartige Scherzgeschichten charakteristische Quelle hingewiesen worden ist.[5] Wie weit sich Ennius' Hexameter auch hier in unseren Ueberlieferungen noch erhalten haben, muss ich Anderen nachzuweisen überlassen.

Zu dem Beinamen Brutus ist aber um die Mitte des zweiten Jahrhunderts vor Christo der eine Consul des ersten, für uns nicht mehr sicher zu eruirenden Consulpaares schon gelangt gewesen. Man sieht das aus der damaligen Datirung des ersten Vertrages mit Karthago. Dieser Vertrag gehört freilich in das erste Jahr der Republik; aber mindestens in der auf uns gekommenen Fassung des Textes in griechischer

[1] Ueberzeugend ausgeführt von Seeck, Die Kalendertafel der Pontifices (1885), S. 89—93.

[2] Dionys. Halic. X, 32. Man bemerke hierbei, dass nach Diodor's (XII, 26) wahrscheinlich jeder andern Nachricht vorzuziehendem Berichte erst die neuen Consuln die Zwölftafelgesetzgebung beradeten und publicirten. Mit dem in demselben Amtsjahre entstandenen, wenn auch nach Icilius schwerlich genannten Grundgesetze über das Bündewesen muss sie, voll erhalten wie die colonischen Axones, nach deren Muster sie angefügt war, ein volles Bild des Staatszustandes geliefert haben.

[3] Emile Belot, Histoire des chevaliers Romains (1869—1873) I, 215 ff., führt mit Recht aus, dass später die Plebs eigentlich mit der zweiten Vermögensclasse begann, die erste mit der Ritterschaft den regierenden Stand bildete. Es hat ja wohl auch einmal Cicero (Brutus 22) die Plebs der Ritterschaft entgegengesetzt, die ihrer Masse nach, von den sechs senatorischen Centurien oder Doppelturmen abgesehen, die höchsten Classen der italischen Landstädte (Belot II, 269 ff.) darstellte; aber Horaz und gar Juvenal hätte Belot doch lieber nicht als Zeugen aufführen sollen, wo es sich um Zustände der ausgehenden Republik handelt.

[4] — qui potentissimum regem, clarissimi regis filium, expulerit civitatemque perpetuo dominatu liberatam magistratibus annuis, legibus judiciisque devinxerit. Brutus 14, 53.

[5] Seeck a. a. O. 14—22.

Uebersetzung enthält er nicht die Namen der obersten Beamten der beiden, den Vertrag schliessenden Staaten. Datirung und Consulnamen hat uns, vom Texte unabhängig, freilich Polybius (III, 22) erhalten, der oben den Text überliefert.

Es ist von zwei Seiten[1] mit Recht darauf aufmerksam gemacht worden, dass Polybius für die gallischen Kriege und die italische Geographie das kurz vor dem seinigen erschienene Werk Cato's benützte. Wie er es freilich mit seiner Lehrhaftigkeit und Tugendhaftigkeit vereinbar fand, fremdes Gut für eigenes auszugeben, müssen uns, wie so viele andere ethische Mängel seines Werkes, seine Bewunderer noch ins Klare setzen.

Cato aber war, wie eine Bemerkung desselben über den Ursprung des zweiten punischen Krieges zeigt,[2] sehr genau über die Geschichte der römischen Verträge mit Karthago unterrichtet. Andrerseits hat er mit dem richtigsten Gefühle für das historisch Erhebliche nicht nur bei Kriegen, sondern auch bei Jahresbezeichnungen[3] Nennung von Personen möglichst gemieden.

Man kann sich daher kaum der Annahme entschlagen, dass Polybius, obwohl er erklärt,[4] ein neues Forschungsergebniss mitzutheilen, doch ein solches nur für seine griechischen Leser zu bieten meint, thatsächlich aber auch hier Cato nachträglich benützte, etwa aus dem vierten Buche der ‚Ursprünge', in welchem ja auch jene Aeusserung über die karthagischen Bündnisse vorkommt. In diesem, freilich nicht sicher erweisbaren Falle würde dann Polybius die Namen des ersten Consulpaares und somit auch den eines L. Junius Brutus einer andern als der catonischen Ueberlieferung entnommen haben; auf Fabius Pictor, den er ja freilich sonst benutzt zu haben erklärt, möchte ich dabei doch nicht rathen.

Der auf niedrige Geburt oder Befähigung weisende Beiname Brutus ist verletzend und schwerlich durch eine Analogie bei Patriciern zu belegen, wenn auch Labeo, Crassipes, Scaevola für die so Genannten Anfangs nicht erfreulich[5] gewesen sein mögen. An dem patricischen sogenannten Befreier wird daher der Beiname durch fingirte Thorheit gerechtfertigt[6] oder auch geradezu erklärt.[7]

Nachweisbar erscheint der Name Brutus nur bei Plebejern. Zuerst tritt er vielleicht auf bei Decimus Junius Scaeva, Consul von (325 d. h.[8]) 323/2 v. Chr., den Livius (VIII, 12) schon als Reiterführer im Jahre (339 d. h.) 336/5 Junius Brutus nennt. Eben in diesem Amte neben dem ersten plebejischen Dictator Q. Publilius Philo hat er ja Antheil an dem was man eine Volksbefreiung nennen kann; da das Cognomen aber noch neben einem andern in einer plebejischen Familie erscheint, so möchte ich bei der Misslichkeit unserer Ueberlieferung der Magistratstafel dieser Zeit keine Vermuthung

---

[1] Beeck 177 ff. Dazu bringt mehrere Ergänzungen: Soltau, Neun Capitel aus Cato's Origines (Sonderabdruck aus der Wochenschrift für classische Philologie 1886), S. 4 ff.

[2] Carthaginienses sextum de foedere decessere. Fr. 84, Peter historicorum Romanorum reliquiae I, 78.

[3] Soltau a. a. O. 13 ff.

[4] ἃ; καθ' ὅσον ἐν δυνατὸν ἀκριβέστατα ἀστρμεθήσαντις; ἡμεῖς ὑπογεγράψαμεν. Auch bei den Römern sei der Unterschied der Wortformen (τῆς διαλέκτου) von den heutigen so gross erschienen (πολιτικὴν, ἢ διανοῆι γέγονε) ὥστε τοὺς συνετωτάτους ἔνια μόλις ἢ ἐπιστάσεως διαπορεῖν (I, 208 Hultsch). Wer möchte aber hierin mehr für τωντώτατοι gelten können als Cato!

[5] Bloch 125.

[6] ... qui summam prudentiam simulatione stultitiae texerit: Cicero, Brutus 14, 53 ist das älteste auf uns gekommene Zeugniss, dazu die anderen, bei Schwegler I, 775, Anm. 2 verzeichneten Stellen.

[7] Ἰνδίτου αντιγράψεται μωρίαν, Dion. Halic. IV, 68. der zugleich die troische Abkunft auch der Junier bezeugt fand.

[8] Nach Beeck's (a. a. O. 188) sehr ansprechenden Ansätzen.

wagen. Zuverlässig und ausschliesslich erscheint der Name bei plebejischen Juniern des dritten Jahrhunderts vor Christo, den Nachkommen[1] jenes Decimus Scaeva, dessen Sohn, Consul 292, noch beide Beinamen in der Magistratstafel führt; erst der Enkel scheint[2] blos Brutus genannt worden zu sein. Aber ein anderer plebejischer Junier, ein jüngerer Zeitgenosse jenes Decimus Scaeva, ein vielgefeierter Feldherr und Staatsmann, der von (317 d. h.) 316/5 an dreimal Consul, zweimal Reiterführer, auch Censor war, dessen Grossvater schon römischer Bürger gewesen sein muss, führt neben dem Cognomen Bubulcus ebenfalls das eines Brutus, und beide Namen erscheinen auch bei seinem Sohne, Consul 291 und 277. Mit dem Beginne des zweiten Jahrhunderts, in welchem der patricische Befreier L. Junius Brutus schon zu einer Art Glaubensartikel wird, sind mindestens zwei, vielleicht drei plebejische Familien von Junii vorhanden, aus denen dann auch die Caesarmörder entsprangen. Ob diese Familien mit den berühmten der Scaevae oder der Bubulci zusammenhängen, scheint nicht sicher bestimmbar zu sein, da aber gleichzeitig Junii Penni und Silani, später auch Norbani auftreten, wie gleichzeitig mit den Scaevae und sicher den Bubulci noch Perae und Pulli auftreten, so ist nicht einmal zu sagen, ob man es überhaupt bei einer Mehrzahl dieser Junier mit altrömischen, Clienten der patricischen Junier, zu thun hat oder mit eingebürgerten Italikern desselben Namens. Wie Silani und Penni sind aber im zweiten Jahrhundert die ohne weiteren Beinamen Bruti genannten Junier zu einer Reihe angesehener Stellungen gelangt. Dem einen der Caesarmörder, der aus einem solchen Plebejerhause stammte, ist, obwohl er durch Adoption ein patricischer Servilius Caepio geworden war, der Tyrannenmord gar, wie Jedermann weiss und Niemand zu erklären vermag, als überkommene Ahnenpflicht eines Brutus eingeschärft worden. Cicero hat ihm sogar geradezu in der Geschichte der Beredsamkeit jenen mythischen patricischen Junier als den ältesten, in den Fasten verzeichneten Magistrat seines adeligen Hauses angeführt.[3]

Das Gesagte dürfte wohl genügen, um den ureigenen Anspruch plebejischer Junier auf den Namen und die künstliche Uebertragung desselben in die Zeiten des untergehenden Königthumes zu begründen. Zu erheiternder Bestätigung aber, dass hier nur wucherndes Unkraut zu entfernen ist, kann dienen, was aus Augusteischer Zeit berichtet wird. Da war noch ein Doppelbild eines absichtlich[4] Brutus genannten Juniers in einem der ersten Volkstribunen entstanden. Noch mehr als ein halbes Jahrhundert später fand ein so ungemein genauer Autor wie Asconius Pedianus[5] bei den nach seiner Ansicht aus der Ueberlieferung annehmbaren beiden ersten Tribunen mindestens nach unserer freilich kläglichen handschriftlichen Ueberlieferung[6] überhaupt keinen Junier erwähnt.[7]

[1] Drumann IV, 4, 75 bezweifelt es wegen des andern cognomen; aber da sich solche Wandlung in patricischen Häusern so oft nachweisen lässt, wird sie auch bei plebejischer Nobilität keine grosse Schwierigkeit bieten.

[2] Drumann a. a. O., der mit gewohnter Sorgfalt die Stammtafeln S. 1 gibt.

[3] ... L. Bruto IIII, nobilitatis vestrae principi (Brutus 14, 53) mit der von Mommsen, Staatsrecht I², 131, Anm. 1 gegebenen treffenden Erklärung der drei letzten Worte unter Vergleichung des princeps der Papirier in dem Briefe ad familiares IX, 21, 2.

[4] Ἀῦλος Ἴουνος ... ἐπικληθεὶς τὴν ὁμωνυμίαν βεβαιότατος (das ist ehrlich gesprochen!) εἴλετο καὶ Βροῦτος ἐπεκαλεῖτο. Dionys. Halic. VI, 70.

[5] edd. Kiessling et Schöll (1875) praefatio p. X; der Commentar zur Scauriana ist mindestens vor October 67 nach Chr. geschrieben.

[6] l. l. XXII—XXXV.

[7] Nomina duorum, qui primi creati sunt, haec traduntur: L. Sicinius L. F. Velutus, L. Libinius C. F. Paterculus (in Cornelianam 68, 19). So nach Sosomenus; sonst lautet der Gentilname in den Hss. Lablnius oder Lavinius. Albinius ist Sigonius' Conjectur, die nicht in den Text der Edition gebürte, weil von Livius (II, 33) zu Gefallen erfunden, während Asconius gegen diesen seinen Lehrer sich hier auch sonst oppositionell hält. Nett ist, dass Manutius auf die Conjectur Junius gerathen konnte! Bloch 321 hätte sich übrigens sein Verzeichniss der angeblichen fünf ersten Tribunen ersparen können.

3

Auf den patricischen Junius Brutus aus der Zeit des endenden Königthumes wird man zum Beweise patricischer und plebejischer Gleichnamigkeit hoffentlich nicht mehr zurückkommen.

Anders und schwieriger als mit Masones und Bruti steht es mit den Scaevolae. Der Name scheint wirklich hinlänglich, wenn auch nur als zweites Cognomen, für die patricischen Mucii Cordi des fünften Jahrhunderts[1] beglaubigt zu sein. Nun findet er sich aber auch bei plebejischen Muciern; er tritt nachweislich seit dem Jahre 215 bei einem Praetor dieses Geschlechtes auf,[2] der auch Orakelbewahrer gewesen ist, dessen beide Söhne Publius und Quintus zum Consulate gelangten.[3] Sie sind die Ahnen der ehrwürdigen, rechtskundigen Consulen von 117 und 95 vor Christo, beide Quintus genannt, von denen der Erstere auch Augur, der Letztere Oberpontifex war. Zu ihnen, namentlich dem Augur, sah Cicero in seiner Jugend in persönlichem Verkehre als Schüler empor;[4] mit des Augur gleichnamigem Sohne, Tribun im Jahre 54, unterhielten er und sein Bruder freundliche Beziehungen. Ich kann nur vermuthen (vergl. oben S. 12), dass eben an die Mucii Scaevolae Cicero in jener vielbesprochenen Stelle des Brutus (16, 62) gedacht hat. Aber möglich bleibt freilich auch, dass den patricischen Mucii Cordi erst, als diese plebejischen Mucii Scaevolae aufgekommen waren, mit der muthigen That vor König Porsenna der zweite Beiname angedichtet wurde.

Auf alle Fälle würde dieser eine unaufklärbare Fall nicht genügen, um eine Theorie der Denkbarkeit identischer Cognominalbezeichnung patricischer und plebejischer Familien derselben Gens zu begründen. Wie schon früher (S. 5) bemerkt wurde, ist hiebei die Gattung von Cognomina allem Anscheine nach in unserer Zeit ausgeschlossen, welche nach geschehener Spaltung der betreffenden Familie in weitere, wieder durch feste Cognomina erkennbare neue Familien gleichen Werthes (Scipiones Asinae und Nasicae, Lentuli Surae, Clodiani, Nigri) geschaffen wurden. Die Lentuli Marcellini und vielleicht auch[5] Spintheres würden dies als plebejische Familien darthun.

§. 3. Individuen.

Es kann wohl als eine jetzt vorherrschende Auffassung bezeichnet werden, dass der Senat ursprünglich aus den Häuptern der Gentes und, wo diese nicht mit Familien zusammenfielen,[6] der als Familien bezeichneten Gentestheile gebildet war,[7] immerhin mit starker Attribuirung der königlichen, wie später der consularischen und dann der censorischen Gewalt zu weiterer Berufung in den Senat.

---

[1] Willems, Sénat I, 85, Anm. 6; Bloch 114.

[2] Q. Mucius P. F. Scaevola Livius XXIII, 21, 4 und 30, 18; XXVII. 8, 4.

[3] Willems, Sénat I, 31.

[4] Besonders De oratore II, 2, 9 (eine für die intendirte realhistorische Grundlage des Buches sehr merkwürdige Stelle): vivorum et praesentium memoria teste. Dazu die ehrfurchtsvollen Worte ad Atticum IV, 16, 3 und de legibus I, 1. Vgl. Drumann V, 221, 224, 226; VI, 351 ff.

[5] Vgl. unten §. 3 am Schlusse und oben S. 5, Anm. 2

[6] Vgl. oben S. 8 und (10)

[7] ... dans l'organisation primitive de la société Romaine le sénat était la réunion de tous les patres familiarum seniores des familles patriciennes. Willems, Sénat I, 26 und 85 Anm. 6. Nach Bloch minder vorsichtig, weil mit Verkennung des Magistraturrechtes, ist er nur la représentation des gentes (p. 80). Ja sogar: chaque gens envoyait ce droit au sénat un représentant qui était son chef (p. 284 und dazu 114) — wie etwa in das heutige englische Oberhaus! Als ,Vertretung der Geschlechter' mit einer von Niebuhr übernommenen und von diesem für eigenthümlich deutsch gehaltenen Analogie erscheint dieser klerale Senat bei Herzog I, 83. Mommsen's Ideen über die Sache gibt wohl am schärfsten der Schluss der betreffenden Abhandlung in den römischen Forschungen I, 284 wieder. Meine eigene Ansicht habe ich C P 50 ausgesprochen.

In jenen Anfangszeiten des Staates wird der Zustand des Gehorsams aller Clangenossen gegen das Oberhaupt der patricischen Familie wohl ungefähr so gewesen sein,
wie ihn Livius bei der Einwanderung der Claudier[1] schildert, und wie ihn sich doch
auch Cicero in seinem Buche vom Staate (II. 9, 16) gedacht hat, wenn er alle Staats-
angehörigen im ursprünglichen Rom den Clientelen von Principes untergeben schildert.
Für eigentliche Volksversammlungen nach griechischer und germanischer Weise, wie sie
unter griechischer Einwirkung seit der Servianischen Umgestaltung des Staates und vollends seit der Sondergestaltung der Plebes unter Tribunen, ebenfalls nach griechischem
Vorbilde, eingerichtet wurden, bleibt in dem romulischen Gemeinwesen freilich so wenig
ein Platz, als der keltische Staat der Vocontier jemals solche Volksversammlungen gehabt hat.[2]

Aber welche Auflösung dieses wohldisciplinirten Clangefüges[3] setzt der Zustand
voraus, den das römische Staatswesen seit dem Beginne der Bürgerkriege bietet! Es entspricht wohl schwerlich italischem und vermuthlich nicht römischem Herkommen, wenn
patricische Familien derselben Gens wie cornelische Sullae gegen Cinnae[4] und Scipiones in
offener politischer Entzweiung stehen, wie das im ersten Bürgerkriege der Fall war; ob
an der Schonung, welche im Jahre 83 der Consul L. Scipio Asiaticus, als sein Heer ihn
verlassen hatte, samt seinem Sohne von Sulla erfuhr,[5] die Gentilität ihren Antheil hatte,
wird mindestens nicht überliefert.

Viel stärker als bei den Corneliern zeigt sich aber doch die Auflösung in der ungetheilten Gens der Julier, welche, so viel sich erkennen lässt,[6] staatsrechtlich nur eine
Familie bildeten. Diese Julii Caesares zerfallen freilich nach unseren deutschen Vorstel-
lungen wie den gemeinrechtlich römischen in zwei Linien, welche sich, als von ihrem
gemeinsamen Ahnherrn, von einem in den Jahren 183 und 170 in militärischer und
diplomatischer Beamtung' genannten Sextus ableiten. Ob aber innerhalb der patricischen
Gens überhaupt, der julischen insbesondere, irgend eine unseren Primogeniturvorstellungen
entsprechende Leitung der Familie bestanden hat, oder eine Senioratsordnung, oder eine
Wahlvorstandschaft der Volljährigen oder auch nur der Seniores — über alle diese
Möglichkeiten lässt sich nicht einmal etwas vermuthen.[7] Genug, mit dem Anfange des
Bürgerkrieges findet man die Urenkel jenes Ahnherrn, die beiden Vertreter der ältern
Linie, den Consular und Censorier Lucius wie dessen jüngern Bruder Gaius auf der
Seite der Optimaten, beide auf Marius' Befehl getödtet; mit diesem ist hingegen, schon
durch seine Gemahlin Julia, die jüngere Linie eng verbunden. Von den beiden Brüdern,
welche sie damals repräsentirten, wird Sextus, Consul im Jahre 91, bei den cinnanisch-
marianischen Bewegungen nicht erwähnt, hat sie vielleicht nicht erlebt; Gaius gelangte
unter Cinna zur Prätur, sein Sohn, der spätere Dictator, erhielt durch die Gunst der

[1] magna clientium comitatus manu II. 17, dazu Schwegler II, 57. — Ich bemerke doch, dass die so viel erörterte principum.
dignatio des germanischen Gefolgswesens in Tacitus' Germania aus dieser Liviusstelle §. 5 stammt. Gegen Mommsen's Auffassung der Claudier kämpft übrigens mit guten Gründen Bloch 25 f.
[2] O. Hirschfeld, Gallische Studien, Sitzungsberichte CIII, 106 ff.
[3] Die Einführung des schriftlichen Verzeichnisses der Senatoren setzt, nachdem Willems (Sénat I, 30 ff.) den Ausdruck patres
conscripti erschöpfend erklärt hatte, Bloch 276 ganz ansprechend in die Zeit der Aufhebung der Gentilvertretung im Senate.
[4] Ueber deren Patriciat vgl. CP 51, Anm. 4.
[5] — οὐ μιγνάμενος ὁ Σύλλας ἐπέτρεψεν αὐτοῖς. Appian, Bürgerkrieg I, 86. Plutarch, Sulla 28, hat nur: ἔγημαι ἐν τῇ πατρίᾳ, ἐχρῆτο ἐγκλῆ-.
[6] Vgl. oben S. 8, Anm. 8.
[7] Drumann III, 118.
[8] Wegen der Analogie zum sonstigen römischen Familienrechte vgl. oben S. 10, Anm. 9, wegen der Primogenitur: S. 11, Anm. 4.

3*

otarianisch-cinnauischen Partei die höchste eigentliche Priesterwürde, den Flaminat des Jupiter.[1]

Noch einmal sah man bei Rabirius' Anklage im Jahre 63, etwa im Frühjahre, die Vertreter beider Linien der patricischen julischen Gens oder Familia politisch vereint. Als Duoviri perduellionis zeigten sie thatsächlich unter der Form des unzweifelhaft gesetzlichen Hochverrathsverfahrens die Ungesetzlichkeit[2] der seit dem Jahre 121 vor Christo und damals zu Gaius Gracchus' Verderben erfundenen Befugniss des Senates, den Consulen unbedingte Gewalt durch das Senatusconsultum ultimum zu verleihen. Da sass der gleichnamige Sohn des Consuls vom Jahre 90, des Censoriers Lucius, selbst schon Consular und sein Leben lang sonst inoffensiv, später und wahrscheinlich bis zu seinem Tode Princeps des Senates,[3] neben dem künftigen Dictator zu Rechte[4] in einem Processe, der mit einer unter der ausschliesslichen Patricierherrschaft üblich gewesenen, nunmehr als unerhört und Bürgern gegenüber grausam erscheinenden[5] Todesstrafe zu enden hatte. Die beiden Julier sprachen das betreffende Urtheil; aber ehe es durch Volksabstimmung rechtskräftig geworden war, löste man unter allseitigem Einverständnisse die Versammlung mit einem Kunstgriffe auf, der sich mit dem oft bewährten und in den festländischen Copien britischer Constitution irgendwie nachgeahmten Kunstgriffe der Auszählung des englischen Unterhauses vergleichen lässt.

Aber der Sohn des unschädlichen Consular, ebenfalls Lucius geheissen, trat in dem neuen Bürgerkriege auf die Seite der Gegner seines grossen Gentilen, der ihn nach der Schlacht von Thapsus formell begnadigte und dann, gelinde gesagt, seine Tödtung durch Soldaten nicht verhinderte.[6] War der Ermordete doch vielleicht der zukünftige legitime Chef des julischen Patriciergeschlechtes, so würde sein Ende um so tragischer sein.[7]

Sextus, der mit dem Dictator allein noch übrige Repräsentant der jüngern Linie, hielt zu ihm, wohl als seinem natürlichen Vorstande, und endete in dessen Verwaltungsdienst.

Viel stärker als bei den Juliern tritt aber bei den Claudiern die Auflösung der einstigen Disciplin innerhalb des patricischen Theiles der Gens hervor. Ihre Clientelen

[1] C P 31. Den dort ausgesprochenen Wunsch, die hiermit zusammenhängenden wichtigen Fragen erschöpfend behandeln zu können, muss ich auch heute nur erneuern.
[2] Diese schon von Drumann III, 142, V, 436 und Hans Witz, Der Perduellionsprocess des C. Rabirius (Neue Jahrbücher für Philologie CXIX, 1879, S. 199) berührte Absicht des Processes ist in einer noch ungedruckten, mir vorliegenden Abhandlung des Herrn Dr. Georg Karschulin zu Wien näher dargelegt.
[3] C P 59.
[4] Willems, Le droit public Romain (6e Jd. 1883) 45, 176.
[5] — suppletorum et verborum acerbitates non ex memoria vestra ac patrum vestrorum, sed ex annalium monumentis et ex regum commentariis conquisierit. Pro Rabirio 5, 15.
[6] Bellum Africanum 89 und Plutarch, der jüngere Cato 66, Beide ohne Lucius' Ende zu erzählen. Appian, Bürgerkriege II, 99 f. hat die ganze Sache unerwähnt gelassen. Cicero an Varro (famil. IX. 7, 1) zweifelt nicht an des Bürgers Schuld, welche Caesar Iho (XLIII, 12. 3) mit φόνος ἀνίατος direct ausspricht. Sueton sagt D. Julius 75; ne hos quidem (Afranium et Faustum et L. Caesarem) voluntate ipsius interemptos putant. Sueton meldet also ein Urtheil; im Übrigen wird über den bei ihm folgenden Satz Drumann III, 125, Anm. 26 Recht behalten.
[7] Ich trage hier nach, was C P 31, Anm. 4 übersehen ist, dass ausser diesem Lucius, vier Corneliern und zwei Manliern doch auch ein Quinctilier: Sextus Varus (Caesar, Bell. civ. II. 28) und allem Anscheine nach ein Sulpicier des Vornamens Servius (ib. II, 44) gegen ihn im Felde standen; der Letztere, der freilich nur dem Könige Juba bei dem Einzuge in Utica das Ehrengeleite gegeben zu haben scheint, kann nicht wohl mit einem der beiden anderen und sonst (C P 38) bekannten Patricier dieses Namens identisch sein, ebensowenig mit dem einzigen geborenen Patricier, der uns unter den Caesarmördern bekannt ist, mit Servius Sulpicius Galba; denn dieser war im Jahre 48 noch entschiedener Caesarianer. (Drumann III, 702.)

hielten sie doch dabei fest genug.[1] Aber die frivole Gleichgiltigkeit der gegen Ende der Republik tonangebenden Claudier gegen die sacralen Formen der Transition zur Plebs zeigt doch das Benehmen des Verfassers einer gefeierten Schrift über das Auguralwesen,[2] des Consuls von 54, Appius Claudius Pulcher. Er war als der älteste von drei Brüdern allem Anscheine nach der Häuptling der Familie der Pulchri, wenn nicht der ganzen patricischen Gens. So vollkommen kundig des Sacralwesens er nun auch gewesen sein mag, so fand er doch den Scheinübergang seines Bruders Publius — des durch Cicero in so üblen Ruf gekommenen Clodius — keineswegs anstössig, ja muss einmal geradezu erklärt haben, nicht zu wissen, ob sein anderer Bruder Gaius nicht denselben Schritt gethan habe.[3]

Wie weit auch die Unabhängigkeit der einzelnen patricischen Familien der cornelischen Gens gegangen sein mag: es ist doch fast undenkbar, dass der einzige noch überlebende Dolabella über die Rathsamkeit seines Uebertrittes, der auch wirklich vollzogen wurde, in der uns bekannten brutalen Weise mit Cicero verhandeln konnte,[4] ohne durch die unerlässliche sacrorum detestatio die religiöse Gentilordnung auf das Gröblichste zu verletzen, der er wie jene beiden andern Standesgenossen ohnehin durch die trotz des Uebertrittes beliebte Beibehaltung seines Namens schon genug Hohn sprach.

Wahrlich, der Patriciat war, wenn man den Individuen nachgeht, in seinen ethischen Grundlagen damals, als Caesar und Octavian des römischen Staates Herr wurden, schon tief genug erschüttert, um durch die Scheinbelebungen des cassischen und sacuischen Gesetzes und besonders durch die Neubelebung des Arvalcollegiums aus der Reihe der staatsrechtlich verwerthbaren Institutionen gestrichen zu werden.

Ueber die Zugehörigkeit zu dem Stande haben, wie wir bei den Claudiern sahen, zuweilen Nächstbetheiligte nicht mehr sichern Aufschluss zu geben vermocht. Es ist selbstverständlich, dass auch heute noch über einige Individuen Zweifel und Irrthümer möglich sind.[5]

So kann auch ich meinerseits nur bedauern, zwei Cicero befreundete Männer, wie früher (vgl. oben §. 1, S. 5) bemerkt wurde, irrig dem Patriciate zugewiesen zu haben. Doch darf ich nicht verhehlen, dass ich gerade für den von Beiden, der bei allen sonstigen Mängeln doch für Cicero so viele thätige Freundschaft bewiesen hat, für Publius Cornelius Lentulus Spinther, noch ein weiteres Zeugniss der Zugehörigkeit oder genauer des Rücktrittes zur Plebes wünschte. Bis jetzt liegt nur das einzige, wegen eines Vetos gegen einen Senatsbeschluss allem Anscheine nach mit Recht für seine Wirksamkeit als Volkstribun etwa im Jahre 73 oder 72 geltend gemachte Zeugniss vor, und dieses bei einem von Irrungen keineswegs freien Autor wie Diodor von Sicilien.[6] Wie aber, wenn gar Diodor nur das

[1] amplissimas clientelas acceptas a maioribus cum Theile in Bithynien und wie es scheint auch sonst in Kleinasien erwähnt für den Vater des Kaisers Tiberius ein Brief Cicero's ad familiares XIII, 64.

[2] C P 42.

[3] C P 39 und 64.

[4] C P 55 und 64.

[5] Dass der von Cicero vertheidigte P. Sulla mit dem von Sallust (Catilina 17, 3 als Genossen der catilinarischen Hauptverschwörung genannten identisch sei, wie ich C P 33, 1 annehme, wird in der gleichzeitig mit meiner Untersuchung publicirten Sallustedition von Hans Wirz (Berlin, Weidmann, 1881, 32 f) nach dem Vorgange des verewigten Halm mit Recht bestritten, da er Servii filius heisst.

[6] Ἴσαρος δὲ τὸ δόγμα ἐνεὶχετ Λέντλος ὁ ἐπικαλούμενος Σπινθήρ. XL, I (V, 197 Dindorf); Willems, Sénat I, 444 (vgl. II, 202) bemerkt in Bezug auf die aus dieser Einsprache gegen einen Senatsbeschluss folgende Zugehörigkeit zur Plebs: car il n'a pu intercéder, si ce n'est en qualité de tribun de la plèbe.

Cognomen verschrieben hätte und (Cn.) Lentulus Clodianus gemeint wäre, der als Consul
des Jahres 72 Einsprache gegen den nach der Umfrage seines Collegen Lucius Gellius
gefassten Beschluss durch consularische Intercession erhoben hätte? Nachweislich geschah
Derartiges auch in nachsullanischer Zeit.[1] In diesem Falle bliebe Lentulus Spinther der
patricische Freund und Förderer Cicero's.[2]

Zweites Capitel.

Interregnalordnung.

§. 1. Gegner.

Jedwedem trat in den letzten Jahrzehnten der Republik der Patriciat, welcher in
geordnetem Beamtenwechsel jenseit der Flaminate und reservirten oder freigehaltenen
sonstigen priesterlichen Stellungen kaum mehr eine höhere politische Bedeutung zu haben
schien, als die noch immer herrschende Bevölkerungsclasse entgegen, wenn bei Erlöschen
der regelmässigen Magistraturen der Senat den Zustand des Interregnums beschloss.
Die Zahl der volljährigen Patricier mag in den Fünfzigerjahren des ersten vorchrist-
lichen Jahrhunderts während der drei Interregnen der Jahre 55, 53 und 52 in den noch
nachweislichen sechzehn oder achtzehn Gentes kaum die der volljährigen Prinzen der
jetzt in Europa regierenden alten Dynastien erreicht haben. Das numerische Missverhältniss
dieses alten, seinerseits in innerer Auflösung begriffenen Herrscheradels zu der um diese Zeit
über neunmalhunderttausend stimmberechtigter Bürger zählenden[3] Volksgemeinde musste
Jedermann einleuchten. In dem durch seltsam gehäufte Nachahmungen griechischer demo-
kratischer Institutionen gleichsam doppelseelisch gestalteten römischen Staatswesen der
uns beschäftigenden Zeit konnte das gespenstähnliche Eintreten des Patriciates, wenn auch
einzig durch seine den curulischen Ordines angehörigen Vertreter, in die executive Regierung
nur jedesmal stärker als unerträgliche Antiquität empfunden werden. Wenn Livius die
Plebs nach Romulus' Tode bei Einsetzung des Interregnums grollen lässt, weil ihre Sclaven-
stellung vervielfacht sei,[4] so mag während der Interregnen der ausgehenden Republik —
wie der Zeit des Ständekampfes — gar manche ähnliche Aeusserung plebejischen Grolles
wirklich gehört worden sein. Ein Jahrhundert früher war der Patriciat doch noch eine
leidlich geschlossene und auf alle Fälle nicht durch Gleichgiltigkeit gegen seine Funda-
mentalinstitutionen um Reputation und Berechtigung gebrachte Körperschaft. Aber schon
damals muss es, nach der Fortdauer von Polybius' persönlichen freundlichen Beziehungen zu
schliessen, bei so hervorragenden Vertretern des Patriciates wie den Sprossen der Aemilii
Pauli, einem Cornelius Scipio und Fabius Maximus, wenig Anstoss erregt haben, dass
er, bei der Schilderung der römischen Verfassung im sechsten Buche, des Patriciates überhaupt nicht gedachte und speciell nicht des in seiner Zeit seit Menschengedenken nicht
mehr zur Anwendung gekommenen Interregnums. Persönlich mag es ihm ja freilich

---

[1] Willems, Sénat II, 200, Anm. 2, beweist das gegen die Meinung Mommsen's in Staatsrecht I², 269. — Bloch 175 hat
Willems' Meinung angenommen.
[2] C P 44 ff.
[3] Der letzte im Jahre 69 vollendete Census hatte eben 900 000 ergeben: De Boor, Fasti Censorii (1873) 26. Die runde Zahl
zeigt wohl die Ungenauigkeit.
[4] Fremere ... plebes multiplicatam servitutem, centum pro uno domino factos. Livius I, 17, 7.

als Institution so widerwärtig wie die Einrichtungen des alten Sparta samt dem dortigen heraklidischen Königthume gewesen sein.

Der späte Schüler, den Polybius für Fragen römischer Verfassung an Cicero gefunden hat, hält sich nicht nur in seinen theoretischen Schriften, sondern auch in seiner ganzen Auffassung über vorhandenes und wünschenswerthes römisches Staatsrecht[1] gegen die Interregnalordnung ablehnend wie der Meister, so weit das eben im praktischen politischen Leben möglich war.

Um so mehr sollte man erwarten, dass, ganz abgesehen von Catilina, der seinen patricischen Anspruch rauh genug gegen den niedrig geborenen Zungenkünstler herauskehrte,[2] der Quasipatricier Antonius und diejenigen, welche Beider Feindschaft gegen Cicero übernommen hatten, das eventuell eintretende Herrscherrecht des Standes zu kräftigem Ausdrucke gebracht hätten. Das ist nun aber ganz und gar nicht der Fall.

Völlig hat Caesar's freie monarchische Staatsordnung die in sich verlöschende politische Macht des Patriciates ersterben lassen und mit der Lex Cassia ein neues Institut des gleichen Namens zu einem Scheinleben erweckt, das in Octavianus' alle edlen Kräfte versengender[3] Ausgleichsdespotie mit der Lex Saenia noch mehr verflüchtigt wurde.

Schon nach der Lex Cassia wäre die Einrichtung eines Interregnums mit so vielen neuen, dem echten Patriciate und dessen Ansprüchen keineswegs holden Elementen schwerlich möglich gewesen. Wie Octavianus mit einer Wunderfiction über das gesetzlich noch fortbestehende Zwischenkönigthum hinwegkam, hoffe ich früher[4] dargethan zu haben.

Auch in der einzigen auf uns gekommenen publicistischen Arbeit von Gegnern der Ciceronianischen politischen Doctrin und scheinrechtlichen Gewaltthätigkeit wird der politischen Action des Patriciates dieser Zeit und speciell des Interregnums nicht gedacht.

Ich ergreife gern die Gelegenheit zu nachträglichen Bemerkungen über diese Arbeit.

§. 2. Zu dem Dialoge mit Calenus.

Ich habe[5] den in eine Senatssitzung verlegten Dialog auf Asinius Pollio zurückzuführen gewagt, immerhin mit Vorbehalt der Autorschaft eines andern zeitgenössischen Schriftstellers von ähnlicher Stellung und Ueberzeugung.

In einer sachkundigen Besprechung der ersten Abhandlung dieser Untersuchungen, mit welcher Herr Professor Carlo Giambelli mich erfreut hat,[6] wird die Möglichkeit

---

[1] CP 48, 50 (Anm. 7), 59—62.
[2] CP 15, Anm. 7; 16, Anm. 4.
[3] — cunctos dulcedine otii pellexit. Tacitus ab exc. I. 2.
[4] CP 61.
[5] CP 27 f., sonst über den Dialog ebendas. 8 ff.
[6] La cultura, rivista di scienze, lettere et arti diretta da R. Bonghi, anno I, 2; num. II, p. 73—84. Des Verfassers Wunsche (p. 79), mich näher über den Beinamen Lentulus zu äussern, welchen Dolabella seit dem Jahre 46 zuweilen führt, kann ich jetzt gern entsprechen. Ich habe (CP 55) es noch für „höchst zweifelhaft" erklärt, ob der Name mit der Adoption durch einen plebejischen Lentulus zusammenhänge; die Vermuthung Drumann's (II, 566) theile ich nunmehr. Auch habe ich (vgl. oben S. 5) es aufgegeben, den gehäuften Zeugnissen gegenüber (Willems I, 414 – 416) bei der Meinung zu bleiben, die ich CP 46 vertrat, dass Cn. Lentulus Marcellinus Patricier geblieben sei, und gestehe zu, dass er Plebejer geworden ist. Die Citate CP 55, Anm. 8 gehen unzweifelhaft auf ihn. Da aber die Adoption erst nach der Schlacht von Pharsalos stattfand (Drumann II, 568) und Cn. Lentulus Marcellinus damals schon gestorben war (Brutus 70, 247), so war dessen Sohn Publius der geeignete Adoptivvater, während des Feldzuges (Caesar, bell. civ. III, 62 ff.) ohnehin Dolabella's Waffengefährte und als Quästor doch mindestens um etwa zehn Jahre älter als der erst 20 oder 21 Jahre alte Dolabella, der als Consul im

erörtert, dass Asinius Pollio's Sohn Gallus als der Verfasser anzusehen sei, vielleicht auch Larcius Licinus: mit Antonius' eigenen und Asinius Pollio's Schriften habe dieser jüngere Verfasser, welchen Cassius Dio benutzte, gearbeitet. Die Möglichkeit kann ich zugeben; aber die Wahrscheinlichkeit scheint mir doch auch jetzt noch für Asinius Pollio zu sprechen. Pollio kannte ja Antonius' Gegenschrift (vergl. C P 17, Anm. 1) so gut wie Cicero's Schwächen und Philippiken. Auch vor Antonius' Tode (vgl. C P 19, 27, §. 10, namentlich 22, § 7) dürfte die auf uns gekommene Darstellung verfasst sein, deren leidenschaftlich zu Antonius' Gunsten vorgeführte Einzelheiten bei einem Späterlebenden kaum begreiflich wären.

Giambelli hat auch eine Leipziger Dissertation von Dr. J. W. Fischer über den Gegenstand herbeigezogen,[1] welche mir entgangen war und auf die ich hier doch kurz eingehen muss, soweit sie den Dialog mit Calenus berührt. Der Bescheidenheit des Verfassers gegenüber[2] verbietet sich ein schärferer Ton von selbst. Gleich seinen Vorgängern hat doch auch er die Benutzung der letzten Philippiken in Cicero's unfreundlich[3] erfundener Neujahrsrede übersehen.[4] Er ist bis zu dem Gedanken einer wirklichen Quellenbenutzung von Dio's Seite für den Dialog zwischen Cicero und Calenus nicht gelangt. Er blieb vielmehr an der zweifellos vorliegenden vielfachen, oft genug flüchtigen und absichtlich entstellenden Benutzung jener Philippischer Reden haften, wenn er auch mit Recht erkannte (p. 31), dass der wirkliche Calenus nicht so böse gegen Cicero gewesen sein könne. Es blieb ihm schon nichts Anderes übrig, als Cassius Dio der Abweichung von der Wahrheit, ja einer absichtlich falschen Zeitangabe zu beschuldigen.[5] Für die von demselben Dio (XLIV, 23—33) mitgetheilte Rede ist er doch, wenn auch nur vorübergehend (p. 36), zu der erwägenswerthen Ansicht gelangt, sie möge Livius' CXVI. Buche entlehnt sein, um dann freilich wieder lieber (S. 39 und 41) Dio die echte Rede, welche Cicero über den Frieden oder die Eintracht am 17. März 44 wirklich gehalten hat, benutzen und mit seinen eigenen Zuthaten verschlechtern zu lassen.

Ich bemerke nun meinerseits, und nicht nur dem Verfasser dieser Dissertation gegenüber, dass es übel um unsere ganze Kunde des Alterthumes, ja aller nicht urkundlich bezeugten Geschichte stünde, wenn man Geschichtschreibern, gegen deren Charakter auch nicht der mindeste Vorwurf juristisch vorliegt, so ohne Weiteres derartige fälschende Nichtswürdigkeiten zutrauen dürfte. Etwas ganz Anderes war es denn doch mit der Vorlage, welche ein so verständiger und redlicher, ob auch recht heidnischer Schriftsteller wie Cassius Dio für den Dialog mit Calenus und vielleicht schon für diese Versöhnungsrede benutzte. Sie ist noch in der unmittelbaren Nachwirkung der Parteikämpfe

---

Jahre 14 freilich erst 25 Jahre zählte (Appian, Bürgerkriege II, 129). An den andern in Betracht kommenden Lentulus, also Spinther, wenn er auch wirklich Plebejer war (vgl. oben S. 23 f.), kann man schon nach Partei, socialer Stellung und Aufenthalt nicht denken.

[1] Julius Guilielmus Fischer, De fontibus et auctoritate Cassii Dionis in enarrandis a Cicerone post Caesaris mortem s. d. XVI Kal. Apr. de pace et Kal. Jan. anni a. Chr. n. 43 habitis orationibus, Lipsiae, Teubner, 1870, 42 S. 8.

[2] — exercitationibus in arte critica tractanda viris concedentes graviores momenti extraxa indagare. Fischer 39.

[3] C P 9 f.

[4] Fischer 23 und 27, sowie in dem Verzeichnisse S. 26 und 27, wo die Redenbenutzung nur bis zur fünften Philippica, von Drumann doch bis zur zehnten geführt ist. Vgl. C P 9, Anm. 3, wo nach die Aufnahme von Sturz' Vermuthung des Plural bei Dio 45, 32, 1: τοὺς Σπινρίους, die Fischer 12 wiederholt, mit der Bemerkung abgelehnt ist, dass der eine Spurius „Heide: Cassius und Manlius' ersetze; der dritte von Cicero correct genannte Hochverräther M. Manlius ist eben von dem der ältern Geschichte nicht sehr kundigen Autor ganz weggelassen worden; schon dies hätte von dem kundigen Cassius Dio selbst ablenken sollen. Vgl. C P 16, Anm. 5.

[5] — num audax ero Dionem qui in ea referenda a vero destitit, etiam de tempore eius consulto veritatem neglexisse? Fischer 31.

und offen als Parteischrift verfasst gewesen: der Historiker durfte sie verwenden, wenn er sonst von der Wahrhaftigkeit ihres Autors überzeugt war. Wieder anders als mit diesen Reden — von dem grossen Dialoge des zweiundfünfzigsten Buches abgesehen, der eine Confession zugleich und ein Actionsprogramm Dio's und seiner Gesinnungsgenossen ist — steht es mit dem wunderlichen, auch von Fischer (S. 31), wenngleich nur als Beweis für Dio's Erfindung, angeführten Gespräche im XXXVIII. Buche, Capitel 18 bis 30. Ein philosophisch gebildeter Mensch[1] Namens Philiskos gibt hier mit Erfolg[2] dem weinenden Cicero Trostgründe über sein Exil. Das Gespräch ist wesentlich achtungsvoll gegen die Geistesgaben des Redners, der durch historische Beispiele beruhigt wird; Catilina und Lentulus werden keineswegs wie in Calenus' Rede in Schutz genommen: ‚besser recht thun und flüchten, als Unrecht thun und zu Hause bleiben‘,[3] heisst es von der Gesellschaft jener Uebelthäter. Aber Cassius Dio hat sich wohl an dem Gespräche in Erinnerung an sein eigenes Missgeschick erfreut, da die Truppen gegen ihn während seines Consulates meuterten und sein Kaiser ihn nicht schützen konnte.[4] Dass nun aber auch dieses Stück von so ganz anderer Parteirichtung und das immerhin nur dieselben beiden Patricier der catilinarischen Verschwörung nennt, wie Calenus' Antwortsrede,[5] auf denselben Verfasser weise, möchte ich doch nicht behaupten.

§. 3. Die Reihe der Zwischenkönige.

Auch von den Ergebnissen wissenschaftlicher Forschung gilt, was Goethe von des edlen Dichters Muthe sagt, dass er endlich ‚den Widerstand der stumpfen Welt besiegt‘. An mir selbst erfahre ich diese Wahrheit mit einiger Beschämung, indem ich mich in den Hauptfragen zu der Richtigkeit der Lehre bekenne, welche Herr P. Willems über das Interregnum aufgestellt hat. Als ich gegen den Schluss der Cicero's Verhältnisse zum Patriciate erörternden Abhandlung von der legalen politischen Action dieser Körperschaft zu handeln hatte, um den Eindruck derselben auf Cicero und diesem gegenüber zu verdeutlichen, konnte ich mich von den Theorien befreundeter Forscher, die ich lange getheilt hatte, nur in einzelnen Punkten lossagen. In anderen Fragen habe ich diese Meinungen mit einem Eifer ausdrücklich gegen Cassius Dio vertreten,[6] den ich mir jetzt nur aus dem Gefühle einer Polemik erklären kann, zu deren Ausführung sich nach der Oekonomie jener frühern Arbeit keine Stelle bot, wenn ich das ohnehin schwierig zu fassende Verhältniss, welches mich damals beschäftigte, zu klarer Erscheinung bringen wollte. Die stille Polemik aber war gerade gegen Willems gerichtet, dessen Lehre über die Frage mir in dem ersten Hefte des zweiten Buches seines Werkes über den Senat schon 1880 vorlag, obwohl das Titelblatt des vollendeten Bandes jetzt die Zahl 1883 trägt.

---

[1] Φιλίσκος τις άνήρ 18, 1.
[2] ἠκροῶν ... ταῦτα λαβούσης φρένας ἑαυς ἐγένετο 30, 1.
[3] μᾶλλον ἄν ἠδίκημις ... εἶτοι μένειν δικαίους ἢ καταρθώσας φυγεῖν 25, 4.
[4] ἐγράφη μέ, καὶ ἀποσταίμεοί μι ... καὶ διδίαιτεν Ἰσα τῆς Ῥώμης ἐν τῇ Ἰταλία σου διατρίψαι τὸν τῆς ὑπατείας χρόνον. LXXX, 5.
[5] Cassius Dio LXVI, 20. Vgl. C P 21 f.
[6] C P 61, Anm. 6 entsprechend Anm. 1. Wie in der Hauptsache correct auch hier Cassius Dio's Aeusserung ist, die ich so scharf tadelte, wird sich jetzt zeigen.

4

Es mag mir, indem ich diese erklärenden persönlichen Bemerkungen vorzutragen mir erlaube, zugleich gestattet sein, die entscheidende Darlegung hervorzuhoben, durch welche ich zur Erkenntniss der Richtigkeit von Willems' Ausführungen gekommen bin.

Als diesen Ausgangspunkt wird man seine Lehre von der Benennung der Senatsbeschlüsse anzusehen haben, obwohl er sie nach der Anlage seines Werkes erst auf die von dem Zwischenkönigthume folgen lassen musste. Es bezeichnet doch schon an sich einen grossen Fortschritt in unserer Kunde römischen Staatsrechtes, dass mit voller Evidenz und der umfassendsten Begründung die patrum auctoritas nur als eine bestimmte Gattung von Senatsverfügungen dargethan ist, welche bis zur Erlassung bekannter Grundgesetze den Beschlüssen aller Arten von Volksversammlungen folgten, nach diesen Gesetzen aber als vorangehende Genehmigung aller Beschlüsse von Curiat- und Centuriatcomitien in Kraft blieben.[1] Eine glänzende, ohne Rücksicht auf Willems' Beweisführung gewonnene Ergänzung derselben ist inzwischen von einem andern Forscher[2] gewonnen worden. Das Curiatgesetz, durch welches Feldherren und Statthaltern die religiöse Befugniss zum militärischen Commando ertheilt wurde, hat sich hiernach als ganz in den Rahmen der einer vorgängigen Senatsgenehmigung, d. h. eben einer patrum auctoritas,[3] bedürfenden Gesetze gehörig erwiesen. Erst ein solcher Senatsbeschluss gewährte die Ausstattung des Befehlshabers mit Geldmitteln, Einzelbefugnissen und — wie ich hinzufügen will — mit dem zur Einholung des Götterwillens erforderlichen Apparate, etwa eines Augur, ja auch nur eines pullarius.[4]

So steht nun der Senat wieder vor uns, der gebietenden Stellung entsprechend, welche er bei seinen Anfängen[5] in Rom gehabt hat. Man hat ihn zu einer nicht blos nach den höflichen Formen römischen Verkehres, sondern nach seinen wirklichen Befugnissen den Staatsregierern nur berathend zur Seite stehenden Behörde von Seiten der Demokratie seit der Gracchenzeit bis auf Caesar und dann wieder unter den leidigen Wirkungen historischer Scheinanalogieen von Seiten neuerer Forscher vergeblich herabzudrücken gesucht.

Gänzlich[6] aus diesem mächtigen Senate und zu allen Zeiten aus der Zahl der früheren Magistrate entspringt das den Patriciern nie bestrittene Interregnum. Nach dem Cassischen Gesetze, durch welches Caesar den Patriciat zu einem von der Gnade des Regenten, wenn auch mit formeller Senatsbestimmung verleihbaren Stande erniedrigte, wurden daher ,viele Consulare und solche, die eine Magistratur bekleidet hatten',[7] in den Patriciat

[1] Willems, Sénat II, 32—120.
[2] Adolf Nissen, Beiträge zum römischen Staatsrechte (1885), S. 100 ff.
[3] So wäre auch bei Adolf Nissen 102 richtig für Senatusconsultum zu lesen, obwohl ja freilich die auctoritas auch unter diesen allgemeinen Begriff gehört, vollends wenn sie durch Volksbeschluss ausführbar geworden ist; eine frühere Auffassung Nissen's (Das Justitium [1877] 19 f.) über Decretum und Senatusconsultum weist Willems II, 216, wie mir scheint, mit Recht, zurück.
[4] Damit sie mit voller Autorität des Feldherrn und Statthalters ausgestattet seien, erhalten daher auch die durch Q. Rullus beabsichtigten Decemviri agris dandis adtribuendis nicht nur imperium und iudicium, sondern auch: ,pullarios eodem iure quo habuerunt treaviri lege Sempronia' (T. Gracchi). Cicero de lege agr. II, 12, 31. (Vgl. Mommsen, Staatsrecht I², 82, Anm. 2.) In Rullus' Antrag ist übrigens schon voll beabsichtigt, was das zweite Triumvirat brachte: die dominatio paucorum, geschildert: de lege agr. III, 3, 13.
[5] Vgl. oben S. 20.
[6] Willems, Sénat II, 1—32.
[7] καλῶς ... ἐς τοὺς πατρικίας· τοὺς ὑπατευκότας ἤ καὶ ἀρχήν τινα — im eminenten Sinne, d. h. eine curulische — ἄρξαντας ἐγκατέλεξεν. Cassius Dio XLIII, 47, 3; C P d. Diese Thatsache ist für Willems' Theorie von erheblicher Bedeutung und dürfte ihr zu weiterer Stütze dienen.

berufen. Zu Octavianus' Rechtfertigung, als er im Jahre 43 nicht zu dom verfassungsmässigen Interregnum schreiten liess, welches freilich aus anderen Gründen unmöglich und widersinnig gewesen wäre,[1] mag geltend gemacht worden sein, was man etwas entstellt[2] bei einem späten Autor findet. Diese Behauptung besagte ungefähr, man habe in der kurzen Zeit, welche während des Krieges zur Vornahme der Consulwahlen blieb, kein Zwischenkönigthum einrichten können, weil viele Patricier, welche curulische Aemter bekleideten (also Senatoren des erforderlichen Ranges), damals von Rom abwesend waren — namentlich als Statthalter beider Parteien — und somit ihres Rechtes verlustig geworden wären, am Interregnum theilzunehmen.

Die von Herrn Willems aufgestellten Listen machen die Bedingung einer bekleideten curulischen Magistratur für die Theilnahme am Zwischenkönigthum, wie gesagt, unzweifelhaft. Sie erweisen auch (II, 17), dass bei dem Interregnum von 53 von den so qualificirten Patriciern mindestens die Hälfte zweimal die Würde des Zwischenkönigs inne hatte. Sie machen es aus der Thatsache des bezeugten Beginnes und Schlusses der Liste des Jahres 52 (II, 18 f.) sehr wahrscheinlich, dass die Würde nach der Reihenfolge des Dienstranges im Senate verliehen wurde: damals begann die Reihe mit dem nach dem Dienstrange Letzten, einem Aedilicier,[3] und endete nach 56 oder 57 Tagen, gemäss dem Amtswechsel nach je fünf Tagen, mit dem in aufsteigender Ordnung als Zwölftem erscheinenden Praetorier.[4]

Es müsste, wenn diese Reihenfolge nach dem Senatsrange von unten nach oben begründet ist — wie es ja wirklich allen Anschein hat — angenommen werden, dass bei dem letzten Interregnum, dem des vorigen Jahres, die umgekehrte Ordnung von oben nach unten eingehalten wurde, wie ja selbstverständlich Censorier und Consulare, welche diesmal gar nicht zum Zwischenkönigthume gelangten, sogar einen hervorragenden

---

1 Vgl. oben S. 24 und C P 61.

2 ἀδύνατον ξ. μεταξανίσία δι' ὀλίγου ἐστως ἐπ' αὐτὰς (τὰς ἀρχαιρεσίας) κατὰ τὰ κάτρια γενέσθαι, πολλῶν ἀνδρῶν τῶν τὰς σισατερίας ἀρχὰς ἐχόντων ἀποδημούντων. Cassius Dio XLVI, 45. In dieser Form ist die Nachricht freilich unbrauchbar (C P 61), und ich sehe nicht ein, weshalb Willems II, 9 sie als Beweis für seine Lehre verwendet, da gerade er (I, 126) die Identität patricischer und curulischer Magistratur so stark betont. Dem von mir im Texte angenommenen Sinne gemäss müssten die entscheidenden Worte lauten: πολλῶν (ἀνδρῶν) ἀπατρικίων τῶν τὰς ἀρχὰς (vgl. S. 24, Anm. 7) ἐχόντων ἀποδημούντων. Der Fehler lässt sich vielleicht aus einer unvollständigen Uebersetzung erklären, wenn z. B. in der Vorlage die Rede war von: (viri . . .) patricii . . ., qui magistratus patricios gererent.

3 Asconius' erklärende Worte (29, 5): ... M. Lepidi interregis, is enim magistratus curulis erat creatus est. habe ich C P 61 irrig dahin gedeutet, dass sie die einen regelmässigen curulischen Magistrat gleiche Stellung und somit Lepidus als amtirenden Zwischenkönig bezeichnen sollen; es ist aber von dem sorgfältigen Autor nur darauf aufmerksam gemacht, dass Lepidus als ererbter Aedilis curulis jetzt erst wahlfähig geworden war, womit sich denn auch die Bedenken E. Herzog's I, 731 erledigen. Comitia tributa zur Wahl der Aedilen, Quaestoren und Kriegstribune scheinen also trotz der Kämpfe zwischen Clodius und Milo im Jahre 53 zu Stande gekommen zu sein, daher Asconius (Argumentum in Milonianam 27, 7, Kiessling, nur ganz wörtlich zu nehmen ist: mense Ianuario nulli dum neque consules neque praetores erant, nec selbst vielleicht Cassius Dio (XL, 46, 3) οὔθ' ὕπατος οὔτε στρατηγὸς οὔτε πολύαρχός τις (sic!), ἄρας ἐκλέξατο, ἀλλὰ ἀναρχία κατὰ ταῦτα καυτίλος οἱ 'Ρωμαῖοι τὰ πρῶτα τοῦ ἔτους ἐγένετο, indem er auch hier (vgl. oben Anm. 2) unter ἀρχαί die curulischen Magistraturen meinte und nur nicht erwähnt fand oder nicht erwog, dass doch curulische Aedilen gewählt wurden; wie er aber hier zum praefectus urbi kam, ist räthselhaft. Plutarch (Pompejus 54) hat nur die Thatsache, dass keine Wahlen „in Folge Bestechung der Bürger im Stande kamen und eine „Anarchie" eintrat, welche eine Dictatur nahe legte. Das patricische Interregnum ist in Plutarch's Quelle umgangen worden; die Erzählung hält sich wesentlich an die Senatsberathung über Pompejus' Ernennung zum alleinigen Consul.

4 Hierbei ist jedoch die probable Voraussetzung, dass einige Quaestorier von aus unbezeugter Aedilität nicht in die Reihe aufgenommen wurden. In dem von Willems aufgestellten Verzeichnisse der Senatoren von 55 vor Chr. erscheint so unmittelbar vor dem späteren Triumvir M. Lepidus, welcher im Jahre 52 die Reihe, wie oben (Anm. 3) bemerkt, begann, der jüngere Manlius Torquatus (Sénat I, 517 und C P 47), welcher 49 zur Prätur gelangte; ferner des Dictators Caesar Vetter, der ältere Sextus, wenn noch nur vermuthungsweise (Sénat I, 516), wie vorher ein Servilius Caepio, L. Postumius (Albinus?), T. (Quinctius) Crispinus (Sénat I, 508, 514, 515).

4*

Anspruch auf dasselbe hatten. Es wird dann ferner anzunehmen sein, dass bei dem zweiten Turnus[1] des vorjährigen Interregnums eben die im Range am niedrigsten Stehenden nicht zum zweiten Male zu der Würde gelangten und demgemäss jetzt entschädigt wurden.

In diesem Falle hätte ein einfaches Senatsdecretum gonügt, um jedesmal zu bestimmen, ob in aufsteigender oder absteigender Ordnung das Interregnum von den patricischen Mitgliedern der curulischen Rangstufen verwaltet werden solle.

Aber man wird sich doch nicht verhehlen dürfen, dass es höchst auffallend ist, bei keinem Schriftsteller des Alterthums eine Andeutung über eine solche Ordnung zu finden. Den so viel erörterten ausdrücklichen Angaben bei Livius und Dionysius gegenüber wird es doch immer schwer bleiben, zu behaupten, dass nicht bis zuletzt, trotz der geringen Zahl der Patricier, ein Modus festgehalten worden sei, welcher die alte Curien- und Decurienordnung auch im Interregnum wahrte.[1] Es bot dieselbe doch auch bei einer so wesentlich auf religiöser Vorstellung ruhenden Institution den Vortheil, dass die Willkür eines Majoritätsbeschlusses über die Reihenfolge der Auspicienübertragung ausgeschlossen wurde.[2]

Immerhin konnte auch dann der Dienstjüngste, im Jahre 52 Marcus Lepidus, berufen sein, die Reihe zu eröffnen, weil die Gewalt in den Händen des ersten Interrex noch so unvollkommen attribuirt schien, dass er die Consularcomitien nicht halten durfte.[4] Oder es konnte auch der ausserhalb der Aemterreihen stehende patricische Princeps senatus[5] bestimmt werden, die Reihe zu eröffnen, wie im Jahre 82 geschah, als der Senat Sulla's Befehl, einen Interrex zu bestellen, durch die Wahl des von Sulla wohl ohnehin gewünschten L. Valerius Flaccus erfüllte.[6]

Noch bedarf es eines Wortes über die Form der Bestellung dieses ersten Zwischenkönigs. An seiner Wahl durch den Senat ist nach der eben erwähnten Stelle wie den anderen von Willems (II, 20 f.) gesammelten und erklärten nicht zu zweifeln; die Auswahl unter den zulässigen Personen dürfte aber nach den früheren Ausführungen nur sehr beschränkt gewesen sein. Ueber die Form der Wahl hat Willems (II, 30) die drei im Senate der Republik sonst üblichen Alternativen des Looses, des Vorschlages durch einen Senator oder der Bezeichnung durch den Vorsitzenden als gleich möglich in Erinnerung gebracht.

Für diese Ernennung werden die Ausdrücke nominare, creare, wie bei den griechisch-schreibenden Autoren alle für gewöhnliche Wahlen üblichen Worte gebraucht. Als technisch kann aber nur der Ausdruck prodere bezeichnet werden.[7] Wenn sonach Asconius in der klassischen Stelle[8] über die Frage einen doppelten Beschluss scheidet mit den Worten: referri ad senatum de patriciis convocandis qui interregem proderent,[9]

---

[1] Vgl. oben S. 29, Anm. 4.

[2] Vgl. C P 61, Anm. 1.

[3] Dies Moment scheint mir auch von Willems, der eine ganz weltliche Verständigung unter den Patriciern selbst annimmt, vielleicht gar erst nach der Bestellung des ersten Zwischenkönigs durch den Senat, nicht hinlänglich gewürdigt worden zu sein. Sénat II, 16 f.

[4] Asconius 37, 29 bis 38, 3.

[5] C P 57. Em. Hoffmann, Curien 35 f. betont andererseits, dass nur ein ‚unfehlbares‘ . . . Concilium‘ der Curien das Interregnum habe schaffen können.

[6] . . . τῇ δὲ βουλῇ προσέταξεν διʼ ἦν τὸν κληρον μεταληφθῆναι . . . ῇ μὴν δὴ Οὐαλέριον Φλάκκον εἵλετο. Appian, Bürgerkriege 1, 98.

[7] Willems, Sénat II, 30, Anm. 4, und 14 mit den Anmerkungen.

[8] 27, 6, schon C P 61, Anm. 3 hervorgehoben mit der damals noch von mir vertretenen Meinung der Wahl durch den ganzen Patriciat.

[9] Von Willems II, 14 mit Anm. 6 sehr richtig betont.

so hat hier Willems (II, 28), wie mich dünkt, ohne Anlass, ‚sei es einen Irrthum, sei es eine Ungenauigkeit des Ausdruckes‘ bei jenem musterhaften Forscher angenommen und gemeint, es habe heissen müssen: ut interrex proderetur. Gemäss Beschluss des Gesammtsenates werden eben die zum Interregnum qualificirten Mitglieder curulischer Magistratur geladen; in einer durchaus nur formell weitern Sitzung wird dann gemäss den bestehenden engen Vorschriften festgestellt worden sein, wer unter den anwesenden Patriciern entsprechenden Ranges die Würde des Interrex und mit ihr die Auspicien zu empfangen hat: die Wahl ist eine rein formelle; aus sich empfängt der Patriciat durch sein officielles Erscheinen im Senat den ersten Träger des Interregnums.

§. 4. Die Plebs im Interregnum.

Die Formel der Einrichtung des Interregnums, welche Asconius gibt, mag herkömmlich den Hauptinhalt des betreffenden Senatusdecretum gebildet haben. Trotz der sachlichen Wahrheit, die sie für alle Zeiten der Republik behielt, lässt sich doch nicht leugnen, dass sie formell die Plebejer des Senates von dem betreffenden Beschlusse ausschliesst. Aufgekommen kann sie jedoch — wenn hier wirklich eine officielle Formel vorliegt — erst sein, als Plebejer zu Mitgliedern des Senates geworden waren, d. h. seit dem Anfange des vierten Jahrhunderts v. Chr.[1]

Die Beamten der Plebs sind nun aber der Natur der Sache nach von dem Interregnum als solchem theoretisch nur so weit berührt, als es ihren Schutzbefohlenen Schädigung bringen kann. Wie weit speciell die Tribunen berechtigt waren, gegen die Bestellung, Aufeinanderfolge und allgemeine Regierungsthätigkeit von Zwischenkönigen von ihrem Veto Gebrauch zu machen, scheint sich mit unseren Mitteln nicht mit irgend einer genügenden Sicherheit festzustellen zu lassen.[2]

Thatsächlich hat der Tribun T. Munatius Plancus zu Anfang des Jahres 52 sein Intercessionsrecht gegen einen das Interregnum einleitenden Senatsbeschluss[3] geltend gemacht. Nur ist es durchaus unrichtig, wenn bei Erörterung dieses rein staatsrechtlichen Actes immer von Neuem herbeigezogen wird, was für unsern Berichterstatter Asconius freilich hohen Werth hatte. In seiner präcisen Weise erklärt er in der Einleitung zur Miloniana, dieser Tribun sei nur Pompejus' Werkzeug gewesen, der seinerseits zu dieser Action nur seinem Schwiegervater Metellus Scipio zu Liebe schritt, weil der Letztere den Zustand ohne Interregnum seinem Mitbewerber um den Consulat, eben Milo, gegenüber nützlicher fand.[4] Das ist ja gewiss Alles ganz richtig; aber es ist für die staatsrechtliche Frage nicht nur irrelevant, sondern durchaus irreführend, wenn man

---

[1] Willems, Sénat I, 60—63, 661—663.

[2] Eben Mommsen, der die Möglichkeit solcher Intercession verneint, muss doch auf Fehlnachfolgerungen — ‚wer das Intercessionsrecht der Tribunen genauer untersucht' u. A. — und Anwendung der Analogie bei Ernennung des Dictators recurriren. Vgl. Forschungen I, 233, Staatsrecht I², 248, Anm. 5. Aber auch Willems II, 27, indem er die entgegengesetzte Meinung vertritt, weiss bei der Dehnbarkeit der in den Schriftstellern des Augusteischen Zeitalters auf uns gekommenen Quellennachrichten doch nach nur mit einem: ‚nous ne voyons pas de motifs pour supposer' etc. zu antworten.

[3] Beck, Kalendertafel der Pontifices 138.

[4] Ideoque beginnt der Satz (27, 8), d. h. aus dem vorher erörterten Zusammenhange des Wettkampfes zwischen Milo und Clodius der (26, 15) summe studebat ... Scipioni contra Milonem bei der (26, 9) erzählten Consulatsbewerbung. Dann erst folgt ganz correct erläuternd: dum ... Pompejus gener Scipionis et T. Munatius (37, 12: Plancus ... cum contra Milonem Scipioni studerent) tribunus plebis referri ... non consul passi ret. (vgl. oben §. 3, S. 30 nach Note 8).

Pompejus und gar Scipio hiebei als wirklich berechtigte Factoren der Intercession auffasst.[1]

Steht es nun ausser Zweifel, dass mindestens im Jahre 52 ein Tribun die Einrichtung des Interregnums hemmen konnte, so erhebt sich die für die Stellung der Plebs viel bedeutendere Frage, wie es sich mit dem Vorsitzrechte der Tribunen in der über das Zwischenkönigthum principiell entscheidenden und wohl auch in der sie rein formell durch die Aufstellung des ersten Interrex erledigenden Sitzung verhalten haben mag.

Das Nächstliegende würde sein, dass nach dem Erlöschen der obersten Magistraturen der Princeps senatus die Leitung der Verhandlungen bei dem Ritus der Einsetzung des von den Göttern gewährten Ersatzmittels besass. Es wird wohl die Vermuthung gestattet sein, dass dies in der That in älterer Zeit die Form gewesen ist.

Die Lage änderte sich aber sachlich, seit den Tribunen das Recht gewährt worden war, den Senat zu berufen. Es ist für unsern Zweck gleichgiltig, ob dies im Jahre (339 d. h.) 336/5[2] durch das publilische Gesetz,[3] wie auch mir richtig scheint, oder im Jahre 286/5 durch das hortensische[4] geschehen ist. In der That bot aber, sobald das principielle Bedenken beseitigt war, das Recht der Tribunen zu Berufung und Präsidium des Senates eine bequeme Handhabe, den magistratslosen Zustand zu beenden, da die Tribunen selbst schwerlich geneigt gewesen sein dürften, den Vormann des Senates, der bis nach Sulla stets aus den Patriciern genommen wurde, in einer für sie selbst unter Umständen bedenklichen Position anzuerkennen.

Man hat sich mindestens im zweiten oder ersten Jahrhunderte vor Christo diesen, von den früher (§. 1) behandelten Gegnerschaften ganz verschiedenen, in der Natur der Dinge liegenden Gegensatz der jährlich wechselnden plebejischen und der nur für einen Uebergangszustand eingesetzten patricischen Staatsbeamten deutlich vorgestellt. Das zeigt nächst der oben (S. 24, Anm. 4) behandelten Stelle über die Plebs in dem Interregnum nach Romulus' Tode eine Geschichte, die mit Erwerbung der Zugänglichkeit der Quästur für die Plebejer durch Volkswahl in Verbindung gebracht ist,[5] und welche zugleich in der Person eines Zwischenkönigs aus der Gens Papiria zur kräftigen Berührung derselben, etwa in einer laudatio funebris, gedient haben könnte. Denn dieser Papirier macht durch eine patriotische Rede dem widrigen Streite ein Ende, welcher durch mehr als ein halbes Jahr,[6] während äussere Feinde drohten, zwischen Interregen und Tribunen getobt hatte. Von dem Compromisse, aus welchem die plebejische Quästur entsprungen sein soll, ist in der papirischen Rede freilich nichts gesagt.

Wenn das Recht des Vorsitzes im Senate und der allgemeinen Staatsregierung für den Zwischenkönig nicht ohnehin feststände, so würde ich aus dieser Liviusstelle doch nicht mit Willems (II, 30) es zu schliessen wagen. Auch die andere Stelle, welche von demselben eminenten Forscher hierfür und gar (II, 31) für die Rangstellung des Interrex

[1] Selbst Willems (II, 20 und 29) hat ganz eingehend Asconius hier eines Irrthums zeihen zu müssen geglaubt. E. Herzog I, 932 bemerkt übrigens richtig, dass ein Tribun der Referirende gewesen sein müsse, als „sein College T. Munatius entgegentrat".

[2] Beeck, Kalendertafel der Pontifices 186.

[3] Lange I², 836 ff., Willems II, 138 f.

[4] Mommsen, Staatsrecht II, 311 ff.

[5] Livius II, 43, 8—12.

[6] pars major insequentis anni per novos tribunos plebi et aliquot (?) interreges certaminibus extractus: das ist etwa das Bild des längsten uns bekannten Interregnums, desjenigen vom Jahre 53. C P 62.

herbeigezogen wird, scheint mir nicht von Gewicht zu sein. Varro[1] nennt nämlich als die Beamten, durch welche nach Herkommen (more majorum) der Senat versammelt und präsidirt zu werden (haberi) pflegte, folgende Reihe: Dictatoren, Consulen, Praetoren, Volkstribunen, Interrex, Praefectus urbi. Zunächst ist eben von Willems[2] mit Recht hervorgehoben und erwiesen worden, dass in Varro's Reihe der Magister equitum fehlt, die Aufführung des Stadtpräfecten aber nur theoretischen Werth hat, da er in der kurzen Amtszeit des Latinerfestes, die ihm seit Einrichtung der Prätur zugemessen war, gar nicht in die Lage kam, den Senat zu berufen. Man sieht leicht, dass Varro in einer den Römern geläufigen Neigung der Aufstellung von Aemter- und Censuskategorien[3] hier drei Classen von Rangfolgen aufstellen wollte. Die éine wird von dem, wie Varro an Caesar gesehen hat, unter Umständen lebenslänglichen Dictator und seinem Stellvertreter gebildet; der letztere ist, wie bemerkt, vielleicht durch Gellius' Verschen, ausgefallen. Die zweite Classe bilden die regelmässigen obersten Beamten der sogenannten patricischen Magistratur und der Plebs als Corporation. Eine dritte wird von den nur auf wenige Tage oder nur einen ernannten ausserordentlichen Magistraten gebildet. Ein Rangverhältniss zwischen ihnen und den ganz ausserhalb der Magistratur stehenden Tribunen ist ja überhaupt undenkbar.

Wenn wir nun früher (S. 31) bemerkt haben, dass die Tribunen natürliche Vorsitzer des Senates bei dem Beschlusse über Einführung des Interregnums waren, so ist selbstverständlich, dass sie mit dem Beginne desselben auf ihr Präsidialrecht nicht verzichteten. Es stand ihnen dasselbe, wie in gewöhnlichen Zeiten den Consulen, so den Interregen gegenüber zu. Dass es praktisch geübt worden sei, scheint nicht überliefert zu sein. Die Unlust Cicero's, von den Geschäften unter der Interregnalordnung zu sprechen,[4] mag freilich auch von Anderen getheilt worden sein.

Noch ist einer Nachricht bei Cassius Dio zu gedenken, nach welcher während des Interregnums von 53 v. Chr. die Tribunen die Geschäftsleitung in der Stadt und die Leitung der Spiele, wohl der apollinarischen,[5] statt der Praetoren gehabt haben. Es scheint mir aber nicht möglich, hieraus[6] die Folgerung einer factischen Verdrängung der Zwischenkönige von den Geschäften in der spätern republikanischen Zeit zu ziehen, derart, dass sie nur die Wahlversammlung der neuen Consulen zu leiten gehabt hätten. Ganz abgesehen von der ausdrücklichen Bezeugung ihrer jurisdictionellen Befugniss[7] wird in jenem Berichte über das Jahr 53 ausdrücklich hervorgehoben, dass es sich um einen ganz exceptionellen Zustand handelt. Die Neuwahlen der Consulen, so wird hier erzählt, können erst im siebenten Monate (dem Juli des unberichtigten Kalenders) abgehalten werden und auch dann nur,[8] weil der Senat einen Tribun in das Gefängnis

---

[1] Gellius, Noctes Atticae XIV, 7, 4.

[2] II, 129, n. 4, 130. Die Weglassung des magister equitum erklärt sich vielleicht aus der Verlegenheit, welche das Plebiscit von 217 de aequando magistri equitum et dictatoris jure bereitete (Willems II, 243).

[3] Belot (Histoire des chevaliers Romains II, 286) vergleicht sie mit dem russischen Tschin.

[4] C P 60 ff.

[5] Livius XXVI, 23, 3; XXVII, 11, 6; sonst Marquardt, Staatsverwaltung III, 480.

[6] Plus tard les tribuns se substituèrent à eux (aux interrois) dans l'administration de l'État et ils ne laissèrent guère aux interrois, que la présidence des comices électoraux. Willems II, 31.

[7] C P 63, Anm. 4.

[8] Ich setze lieber den Wortlaut her (XL, 45): καὶ οὐδ' ἂν τότε ἐχθησαν, εἰ μὴ Λουκιός τε Παπίριος ὁ Ρούφος ἐς τὸ διαφωτήριον ὑπὸ τῆς βουλῆς, καίτοι τῶν τε Σύλλου δογμάτων ὧν καὶ δημαρχῶν (als ob dies das Geringste sei!) ἐσήλθεν, καὶ ταῦτα καὶ τοῖς ἄλλοις τοῖς ἀκουραργῆσαί τι θελήσασιν ἐφρίεντο, τὸ τε Πομπήϊον ἤ, φησι αὐτοὺς βούλημα ἐνεργήσθη. ἦεν μὲν γὰρ ὅτι καὶ οἱ ἕτεροι τας ἀρχαιρεσίας ἐποίουν (in dem Excerpte muss vor diesem Satze wohl das im Texte Angedeutete über den Patriciat

bringen liess — also mit gröblicherer Verletzung der tribunicischen Sicherheit und des beschworenen Grundgesetzes, als noch je ohne Bürgerkrieg geschehen war — auch allen zu ‚Uebelthaten geneigt Gewesenen' Aehnliches drohte. Zuweilen seien auch die Auspicien den Zwischenkönigen für die Wahlvornahme ungünstig gewesen. Das heisst doch wohl: der Patriciat hat seine Herrschaft nach Kräften verlängert. Die Haupthemmung der Wahlen sei aber von den Tribunen erfolgt, welche die städtischen Geschäfte vollzogen und sogar die oben erwähnten Spiele leiteten.

Zu weiteren Schlussfolgerungen scheint mir der Bericht doch keinen Anlass zu geben. An sich ist es ja freilich ganz sicher, dass, wenn sonst keine reguläre Beamtung vorhanden war, die Tribunen und sogar die Volksädilen herkömmlich die Pflicht hatten, die Administration fortzuführen. Hierüber handelt ein vielleicht echter und in diesem Falle einer der ältesten Berichte über eine Geschäftsthätigkeit der Plebesbeamten, der auf alle Fälle einer noch gegen Ende der Republik herrschenden Vorstellung über ihre Eventualverpflichtungen entspricht. Bei der Pest des Quasijahres 463 vor Christo waren alle anderen zu erheblichen Amtshandlungen berechtigten Männer gestorben, krank oder durch Alter unfähig: da übernahmen die Volksädilen die Staatsleitung: ad eos summa rerum ac majestas consularis imperii venerat.[1]

In ähnlicher Weise lag ihnen, und vor ihnen den Tribunen, die Pflicht der Administration ob, wenn bei Erlöschen der obersten Magistratur ein Interregnum nicht zu Stande kam. Sobald dasselbe aber eintrat, hatte auch die Plebs sich ihm zu fügen, und es war nur eine Anmassung und Ausnahme, wenn eben aus dem Jahre 53 berichtet wird, dass sie während eines Interregnums in der geschilderten Weise die Regierung zu führen unternahmen.

Drittes Capitel.

Waffenaufruf.

§. 1. Stadtfrieden.

Bei einer ganzen Reihe altitalischer Städte kann es als ein besonderes Merkmal gelten,[1] dass sie nach Auguralregel mit geradlinigen, im rechten Winkel sich kreuzenden Strassen versehen sind und so schon in ihrer Anlage die nach religiöser Ueberzeugung sich vollziehende innere Ordnung erkennen lassen. Diese religiöse Durchbildung des städtischen politischen Lebens tritt besonders stark in Rom selbst hervor, wenn auch gerade diese vornehmste Stadt Italiens in den letzten Jahrzehnten der Republik noch den ungeordneten und eiligen Wiederaufbau nach der gallischen Katastrophe erkennen liess. Wie man sich aber von Seiten der freien Bewohnerschaft ohne Unterschied des Standes und Ranges auf der geheiligten, ja durch die Servianische Erweiterung zwiefach

ausgefallen sein) οὐ βουλόμενοι τοῖς μισθοφορικῶσι γράφῶσι · μάλιστα δὲ οἱ δήμαρχοι τὰ πράγματα τὰ ἐν τῇ πόλει διψπτντε, ἐστε καὶ τὰς ταχγιρόμτς ἀντὶ τῶν στρατηγῶν εκείς, ἐκαλλεον τὰς λοικὰς ἀρχὰς αἱρεῖζναι. Ich denke, lomöις geht auf einen Irrthum Dio's, schwerlich der Ilsa.; es handelt sich ja nicht um reliqui magistratus, sondern um die Hauptwahlen der Consuln und Prätoren. Die Wahlen in den comitia tributa, welche auch beim nächsten Interregnum (vgl. oben S. 29, Anm. 3) schon vorgenommen waren, hatten für den Tribunal kein Interesse.
[1] Livius III, 6, 9.
[2] Heinrich Nissen, Das Templum (1869) S. 11, 21 und die schöne Bestätigung durch die Strahlen der aufgehenden Sonne: S. 167.

geheiligten Stätte wieder eingerichtet hatte, so bewahrte man auch die überkommene religiöse Grundordnung des Staates.

Es ist eine ganz unverhoffte Beobachtung gewesen, welche die letzten Jahre gebracht haben, dass man in dem sacralen Vierecke, welches wie Iguvium und voraussichtlich die meisten anderen italischen Städte, so namentlich Rom umgab, die Grenze friedlicher und kriegerischer Ordnung erkannte. Nunmehr ergab sich nicht bloss ein sacrales Recht des Pomerium mit geringer praktischer Consequenz, sondern auch ein ganz weltliches mit durchgreifenden staatsrechtlichen Normen von höchster Bedeutung.[1] Da gewann das wundersame, eigenartige, durch die kläglichen Analogien der Halbwisser in historischen Dingen so widerwärtig verzerrte Gefüge römischer Staatsbildung erst wieder seine ganze Grösse, und sein volles Verständniss kann uns eröffnet werden.

In dem geistlichen Zauber des Pomerium liegt nun beschlossen, was der römische Staat an Freiheit und politischer Entwicklungsfähigkeit seiner Bürger hervorgebracht hat.

Zur Würdigung desselben gehört aber ganz wesentlich ein volles Verständniss zweier weiterer Momente, eines religiösen und eines mit ihm engverbundenen politischen, welche bei der Erforschung der Bedeutung des Pomerium nicht ihre Stelle gefunden haben.

Das religiöse Moment ist das der Auspicienordnung. Es geht schlechterdings nicht an, in den freilich nur formell berufenen Curien nichts als eine für Administrationszwecke ‚bestimmte' Einrichtung zu sehen. Sie sind vielmehr ein für die Verfassung auch der letzten Jahrzehnte der Republik unentbehrliches und ursprüngliches Element. Sie allein geben jeglichem Magistrate das seiner Competenz gebührende Maass des Rechtes der Einholung öffentlicher Auspicien und mit ihnen der Verwaltung eines Amtes in einer den Göttern genehmen, dem Staate erspriesslichen Weise. Noch in seiner Zeit sieht Cicero in ihrer Verleihung eine zweite Wahl oder Wahlbestätigung.[2] Ein Recht militärischen Commandos oder des Imperium schliesst der Curienbeschluss über die Auspicien für die antretenden Magistrate entfernt nicht in sich. Ein solcher muss gegebenen Falles gesondert von den Curien erwirkt werden, wie noch näher zu erwähnen ist.

Das zweite in Betracht kommende Moment wird gebildet von der fortwährenden Wirksamkeit des Clanverbandes mit seiner patricischen Häuptlingschaft; denn der Patriciat hat sich politisch trotz veränderten Bestandes bis in die Kaiserzeit in den reservirten Priesterthümern wie innerhalb der sechs Turmen der städtischen Reiterei[3] und der ihnen entsprechenden Suffragien erhalten; in jenen formellen Curienbeschlüssen und bis zu Caesars Monarchie im Interregnum hat er aber wirklich fortgelebt.

Im Uebrigen fügte sich der Patriciat der Ordnung voller und unbedingter Friedlichkeit, also auch den Kriegs- und Fehdeenthaltung innerhalb des Pomerium. Er verzichtete hiemit auf sein Recht der Gefolgsherrlichkeit, welches auf römischem Boden wohl zum letzten Male bei dem Ueberfalle des Capitols der Sabiner Appius Herdonius,[4] angeblich mehr als ein halbes Jahrhundert nach Vertreibung der Könige, zur Erscheinung gebracht hatte.

[1] Dies und das Folgende, soweit nicht Anderes bemerkt wird, ist das Ergebniss von Adolf Nissen's mehrerwähnten Beiträgen zum römischen Staatsrecht, 1885.

[2] De lege agraria II, 11, 26 mit den Erklärungen von Emanuel Hoffmann, Patricische und plebejische Curien (Wien 1879) 10 ff., welche Adolf Nissen zu seinem Nachtheile nicht gekannt hat.

[3] Belot, Histoire des chevaliers Romains I, 189—196; Bloch, Les origines du sénat Romain 298.

[4] Livius III, 14—17; Dionys. Halle. X, 14—16; Schwegler, Röm. Gesch. II, 584 ff.

Nur wenn ein Feldherr zum Kriege auszog oder, zugleich dem Senate genehm, siegreich zurückkehrte, duldete der römische Staat militärischen Befehl und kriegerisches Commando in der Hauptstadt. Selbst der Feldherr im Kriegskleide musste regelmässig zu Fusso ad vota nuncupanda nach dem Capitol und von dort direct durch eines der drei Thore des Pomeriums zur thatsächlichen Uebernahmo des Heerbefehles ziehen. Jeder Statthalter tritt in den Besitz seiner militärischen Jurisdiction und seines Commandos erst jenseits des Pomeriums. Ja, mindestens noch im zweiten Jahrhundert v. Chr. fand die Sammlung der Truppen sogar nur in wechselnden Ausmarschlokalitäten statt.[1] Kriegerischen Aufzug zu Pferde scheint man innerhalb des Pomeriums übrigens bei der am 15. Juli stattfindenden Parade jener sechs, die Angehörigen der höchsten Ritterschaft enthaltenden Turmen gesehen zu haben.[2] Nur dem Dictator aber stand es zu, den feierlichen Auszug des Feldherrn zu Pferde vorzunehmen, und so gross erschien diese Auszeichnung, dass man das wörtlich nach der Senatus auctoritas[3] vor den Curienlictoren unter priesterlicher Assistenz beschlossene Curiengesetz über das imperium oder militärische Commandorecht[4] des Dictators als ein solches bezeichnet hat, welches ihm zu Pferde zu steigen gestattete.[5] Ausdrücklich sagt dem entsprechend Zonaras (VII, 13), der Dictator konnte nicht zu Pferde steigen, wenn er nicht im Begriffe war, ins Feld zu ziehen.[6] Denn im Uebrigen ist er nur ,Civilmagistrat', wenn auch ,unumschränkt'.[7]

Der Patriciat hat auf die mit seiner Natur verbundenen Rechte soweit verzichtet, als ihm Gewissen und Ehre gestattete. Mit dem Ogulnischen Gesetze vom Jahre 300, welches mindestens die Hälfte der Stellen in den Priestercollegien der Auguren und Pontifices der Plebs reservirte,[8] und dem Hortensischen vom Jahre 286, welches die gesetzliche Einwirkung des Senates und hiedurch auch der in ihm enthaltenen frühern und gegenwärtigen Magistratur patriciacher Abkunft aufhob, schien man an die Grenze der, für die Fortexistenz eines den Göttern genehmen römischen Staatswesens denkbaren Zugeständnisse gelangt zu sein. In der That lassen sich aber nur zwei Plebiscite[9] vor den Gracchischen Unruhen anführen, welche ohne die nicht vom Gesetze, aber vom Herkommen geforderte Vorberathung des Senates erlassen wurden. So sehr wurden alle Rücksichten gewahrt.

Es ist der Zustand einmüthiger, freudiger Hingabe aller Staatsgenossen, welcher die Gefahren des pyrrhischen und des ersten punischen Krieges so ruhmvoll überwinden, die wahre Vorbereitung zur Universalherrschaft gewinnen liess.

§. 2. Vertragsbrüche der Plebejer.

Es mochte noch erträglich sein, wenn es auch bitter genug empfunden worden sein mag, dass seit dem Ogulnischen Plebiscite auch zwei weitere in das Sacralwesen ein-

---

1 — τὴν τῶν ἀπολαχόντα τἄλων ὑπὸ τῶν ἱκέτων. Polybios VI. 26, 2.

2 Belot, Histoire des chevaliers Romains I, 189—190; Bloch, Les origines du sénat Romain 294.

3 Vgl. oben S. 23 und Em. Hoffmann, Curleu 15 ff.

4 Die militärische Natur des Imperium ist eben von Adolf Nissen, Beiträge 53 ff., dargethan worden.

5 Adolf Nissen's Ausführung S. 60 über die Befugniss des Dictators equum escendere fügt sich wie ein Schras: der Dictator habe der ,Höhe und Schnelligkeit eines Pferdes' für sein Commando bedurft.

6 . . . εἰ μὴ ἐκπαραλατθαι ἔμελλεν. Wie sehr das ἐκπαλλάν zu meiner Auffassung stimme, wurde von philologischer Seite bemerkt.

7 Adolf Nissen, Beiträge 64.

8 Herzog I. 280, Anm. meint, das Gesetz könne über die Reservirung von vier Stellen für die Patricier ,kaum geschwiegen haben'. Vgl. jedoch Mommsen, Forschungen I, 81.

9 Claudium von 220 oder 219 und Valerium von 188 (Liv. XLV. 16). Drei andere blieben Rogationen (Willems II, 102 f.).

schlagende Vorrechte des Patriciates, der Oberpontificat und dann der Obercuriouat bis zum Jahre 209[1] der Besetzung auch für die Plebejer factisch freigegeben und, ob auch in gemässigter Form und aus dem engen Kreise der Qualificirten, der Volkswahl[2] unterstellt wurden. Aber die Entwindung der freien Cooptation in alle drei grosse Priestercollegien durch das Domitische Gesetz von 104 rückte nahe genug die Gefahr eines gänzlichen Ausschlusses des Patriciates von der Wache der Auguralordnung, der Gesammtleitung des Sacralwesens im Pontificalcollegium und der Orakelcontrole des Graecus ritus in den Sibyllinischen Büchern.

Als das wahrhaft entscheidende und für den Patriciat alle Verbindlichkeiten lösende Moment erscheint mir aber doch ein anderes, welches nach dem Vorgange eines in Rom doch stets halbfremd gebliebenen Plebejers wie Livius auch die neuere Forschung nur nebenher erwähnt und gänzlich ohne Belang findet. Die Kalendertafel[3] des Jahres 172 v. Chr. brachte zuerst zwei Plebejer als Consulen, vielleicht schon mit dem herausfordernd triumphirenden Zusatze, den wir jetzt in den capitolinischen Fasten unter den Namen dieser Consulen und über der Ankündigung des im nächsten Jahre beginnenden dritten makedonischen Krieges in einer besondern Zeile[4] lesen: ambo primi de plebe. Die Worte können freilich auch aus Atticus' Liber annalis stammen, wenn diese Arbeit wesentlich den capitolinischen Tafeln zu Grunde liegt;[5] die Fassung bleibt immerhin bemerkenswerth. Dem Wahlacte präsidirte L. Postumius Albinus, also ein Patricier; aber Livius (XLII, 35, 4), ohne der Neuerung zu gedenken, erwähnt nur, dass er die beiden Erwählten creirte.

Dieses erste Jahr, da zwei Plebejer Consuln wurden, ist zugleich das letzte, nach welchem unter den folgenden, abermals plebejischen Consuln erwähnt wird, dass bei vier auszuhebenden städtischen Legionen je ein Senator als Militärtribun eingereiht werden sollte.[6] Er musste also aus demselben bevorzugten Kreise genommen werden, aus welchem die sechs Centurien der Patricier und Senatorensöhne gebildet wurden, die freilich damals schon seit mehr als zwei Jahrhunderten nicht mehr als Corps ins Feld zogen, aber fortwährend ein stets bereites Material für Commandostellen enthielten.[7] Da ein patricischer Praetor, ein Sulpicius Galba, mit der Aushebung und Ernennung betraut ward, so dürften sich unter jenen nicht genannten Vier wohl eben Patricier befunden haben, die zum letzten Male auf diese Art bestellt wurden. Die Schädigung des Patriciates wäre, wenn dies wirklich der Hergang gewesen ist, um so auffälliger nach jenen Consulwahlen.

Es hat ja freilich Livius[8] den ,Einigen' (apud quosdam), die ihm vorlagen, gefunden, dass nach irgendwelchen, vornehmlich militärischen Bewegungen des Jahres (342 d. h.) 339,8 beschlossen worden sei,[9] uti liceret consules ambos plebeios creari. Thatsächlich

[1] Livius XXVII, 8, 1, sonst Marquardt, Staatsverwaltung III, 188 f.; Mommsen, Forschungen I, 168, wo man nunmehr von dem Patricierornate abzusehen und die patrum auctoritas eben anders zu verstehen hat. Vgl. oben S. 24.
[2] ,Das Recht der Betheiligung des Volkes an der Bestimmung desjenigen aus dem Collegium, der Pontifex maximus werden sollte', fasste es präcis der verewigte Ludwig Lange, Römische Alterthümer III[2], 157.
[3] Vgl. Preek a. a. O. 99 und 170 ff.
[4] CIL. I, 437. Freundlicher Mittheilung des Herrn Dr. Heinrich Swoboda von der deutschen Universität zu Prag, derzeit in Rom, entnehme ich, dass diese Zeile im Marmor keineswegs, wie das CIL. angibt, kleinere Buchstaben als die folgende zeigt, bei der BELLVM PERSICVM im Abdrucke zu gross erscheint.
[5] Heinrich Matzat, Römische Chronologie (1883) I, 353.
[6] Livius XLII, 35, 4.
[7] Belot, Chevaliers Romains I, 161.
[8] VII, 42. Aehnlich Zonaras VII, 25 (II, 164 Dindorf).
[9] Auch Willems II, 83 bringt die Worte in ähnlichem Zusammenhange. Vgl. Mommsen, Staatsrecht II[3], 76, Anm. 5.

5*

sind denn auch bis auf die Sufficirung eines Valerius Flaccus durch Cinna im Jahre 86[1]
niemals mehr zwei Patricier ernannt worden.

Nun beachte man die Analogie der Besetzung des Consulates zu der der Priesterthümer.
Die licinisch-sextische Gesetzgebung schuf die zehn Orakelbewahrerstellen und gab
sie zum Theile, wie es scheint, beiden Ständen frei oder bestimmte gar schon die Hälfte
den Plebejern; die etwa sieben und sechzig Jahre jüngere Ogulnische Gesetzgebung
sicherte die beiden anderen grossen Priestercollegien zum Theile den Plebejern. Es blieb
aber bis gegen den Ausgang des zweiten Jahrhunderts, bis zu jenem Domitischen Plebiscite eine selbstverständliche Rücksicht auf den Patriciat und eine Sicherheit für dessen
legale Einwirkung auf das ganze sacral-politische Leben, dass demselben die ihm offenen
Stellen auch regelmässig zu Theil wurden.[2]

Ganz dieselbe Rücksicht ist durch etwa 124 Jahre — mehr lässt sich ja nach den
wechselnden Anfängen des Amtsjahres nicht behaupten[3] — auch bei dem Consulate beobachtet worden. Noch in der vollen Noth des hannibalischen Krieges im Jahre 215
wurden dann zum ersten Male zwei Plebejer gewählt. Aber der eine, kein Geringerer
als Marcus Claudius Marcellus, musste doch zurücktreten, als nach einem Augural-
gutachten dem Volk von den ‚Patres‘ eröffnet wurde, die Wahl zweier Plebejer entspreche
nicht dem Wunsche der Götter.[4]

Zweiundvierzig Jahre später ist eine solche die Patricier ausschliessende Wahl doch
vollzogen worden. Es hat, wie ich glaube, mit ihr ein Vertragsbruch stattgefunden,
da ein ethischer und thatsächlich durch so lange Zeiten auch bei den Priestercollegien
respectirter Anspruch der in sacraler, politischer und militärischer Beziehung ursprünglich ausschliesslichen Leiter des Staates ohne Weiteres beseitigt wurde. Mag sein, dass
die Scipionenprocesse darauf einwirkten und des von uns auf anderen Gebieten gefeierten
Marcus Cato bohrende Anklägerthätigkeit. Noch in seinem letzten Lebensjahre hat dieser
Censorier Cato gegen einen andren Patricier, einen Sulpicier, die Anklage gerichtet.
während er sich freilich selbst durch so lange Jahre des Schutzes und der Collegialität
eines Valeriers zu erfreuen hatte. Wichtiger aber scheint mir, dass eine Anzahl so rücksichtsloser als hochgeachteter und wirklich verdienter Plebejer damals hervortrat und
unter ihnen jene Popillii Laenates, deren Einer mit seinem Stabe nicht nur den Seleu-
kiden aus Aegypten wegscheuchte, sondern auch in den wahrlich nicht zaghaften senatorischen Kreisen Schrecken zu verbreiten wusste.[5] Auf jenes erste plebejische Doppel-
consulat folgten unmittelbar zwei andere für 171/0 und 170/69, dann aber doch erst
wieder drei ohne Unterbrechung von 114 bis 112; während der Noth des kimbrischen
Krieges zählt man gar fünf von 105 bis 101 vor Chr.

Wohl aber durften die Patricier darauf hinweisen, dass in diesen Händen das sacrale Herkommen und mit ihm nach der Volksüberzeugung die Erhaltung des Götterschutzes nicht immer sorgfältig gewahrt bleibe. Ein Plebejer von so allgemein hochgehaltenem Charakter wie Tiberius Sempronius Gracchus, der Vater der Staatsumwandler, hat als Consul, noch dazu trotz seiner Stellung als Augur, seine Verpflichtung in Bezug auf das Pomerium so wenig gekannt, dass er durch Ueberschreiten derselben sich bei Leitung der Consulwahlen eines Fehlers schuldig machte, der sich nach seiner eigenen Ansicht später verhängnissvoll erwiesen hat.[1]

Wie nun aber die, der überkommenen alten Ordnung und mit ihr vollends der Stellung des Patriciates so gefährlichen, Bewegungen der leidenschaftlichen Söhne des gewissenhaften Vaters eintraten und im Gefolge dieser Bewegungen nach zwei weiteren Jahrzehnten die, eine gänzliche Auflösung drohende Erhebung unter Apulejus Saturninus, da waren es Patricier, die Principes des Senates,[2] welche die entscheidende Aufforderung zu gewaltsamem Einschreiten im Senate, ja in dem erstern Falle auch eigenhändig vor dem Volke gaben.

§. 3. Patricische Fehde.

Indem ich nunmehr dazu schreite, auf Grund der bisher erörterten Zustände und Thatsachen das von Patriciern in Anspruch genommene Recht bewaffneter Erhebung darzulegen, welches als Fehderecht in dem Titel dieser Abhandlung erscheint, erachte ich es für angemessen, zuerst das Wort ‚Fehde' zu erläutern. Ich folge hiebei freundlichen Aufzeichnungen, welche ich unserm Herrn Collegen Richard Heinzel verdanke. Das Wort lautet „althochdeutsch fêhida, angelsächsisch faehth, altfriesisch foithe, mittellateinisch faida, faidosus. Das weist auf eine gothische Form faihitha, welche aber nicht erhalten ist. Da das Wort eine Ableitung von gothisch faih ‚Betrug' zu sein scheint und gothisch bifaihôn ‚überlisten' bedeutet, auch noch im Mittelhochdeutschen vêch ‚bunt', wankelmüthig' neben gevêch ‚feindselig', so ist die Urbedeutung von fêhida vielleicht ‚hinterlistiger Angriff', ‚heimliche Schädigung', woraus ‚Fehde' im spätern Sinne entsteht".

Ich meine, dass diese etymologische Erörterung aus germanischem Sprachgebiete doch auch dem Verständnisse der auf dem Boden des römischen Staatswesens zunächst zu erörternden Kämpfe zu Statten kommen dürfte.

Was auch an Illegalitäten oder Vertragsbrüchen von plebejischer Seite geschehen sein mochte, mit gewaffneter Hand — und mit nicht eben schönen Waffen hat ein Cornelius Scipio den Kampf gegen Tiberius Gracchus und seinen Anhang begonnen! — sind Patricier, gefolgt von plebejischer Nobilität, zuerst wieder auf den Plan getreten.

Nach Gaius Gracchus' und seines Anhanges Vernichtung, gemäss eines Cornelius Lentulus Senatsanweisung, nach Saturninus' Bewältigung, unter der Senatsleitung eines Aemilius Scaurus[3] tritt, formell als Plebejer und in derselben tribunicischen Gewalt wie jene drei Genannten, ein Sulpicius Rufus als wahres Volkshaupt, ob auch neben Marius, auf.[4] Er bildete sich einen „Antisenat', wie er sein Gefolge von 600 Rittern nannte, und hielt sich Bewaffnete aus den unteren Classen, in der Stärke der alten Legion von 3000 Mann.[1] Aber von den Consulen des Jahres trat ihm ein Cornelius Sulla auch seinerseits, nachdem die legalen Mittel wahrscheinlich[1] samt dem seit 121 aufgekommenen Senatusconsultum ultimum erschöpft waren, mit einer bewaffneten Macht entgegen, diesmal den ihm vom Senate zugewiesenen Legionen. Als Sulla mit diesen Rom zu besetzen, den so oft schon im Innern gebrochenen sacralen städtischen Frieden auch mit militärischer Ueberschreitung des Pomeriums nicht mehr zu achten dem ‚Gewaltzustande‘ gegenüber ‚freudig‘ entschlossen war,[2] da verliessen ihn alle Truppenbefehlshaber bis auf einen Quaestor. Nach der blutigen Einnahme gebot der Cornelier in der Stadt, begann mit Stärkungen der Autorität des Senates und in ihm des Patriciates. Seinen patricischen Gentilen von den Cornelii Cinnae, dem er, ordnungsgemäss neben einem Plebejer, dem zuverlässigen Cn. Octavius, den Consulat verschaffte, brachte Sulla zu dem Versprechen, sich gänzlich nach seines Förderers Ansichten zu halten.[4]

Aber Sulla war denn doch keineswegs der ausschliessliche Häuptling des Cornelischen Clans. Cinna stand ihm an Geburt nicht nach und strebte nach der gleichen Gewalt, die der berühmtere Gentile nun errungen hatte, und er war entschlossen, sie bei Weitem rücksichtsloser zu gebrauchen. Es wird glaubwürdig versichert,[5] dass Cinna seinen Amtsvorgänger in den Krieg im Osten entfernte, um das wesentliche Hinderniss für die Erfüllung seiner Pläne zu beseitigen. Dann erlangte Cinna noch in diesem Consulatsjahre 87 die Alleinherrschaft (dominatio), welche Tacitus in dem nunmehrigen Eingange seines Geschichtswerkes als eine Epoche bezeichnet, und welche der Autor des an Herennius gerichteten Lehrbuches der Rhetorik als eine der rednerischen Vertheidigung ihrer führenden Männer werthe Form der Demokratie schildert.[6] Seiner Truppen aber war Cinna doch keineswegs Meister; er ist bei einem Auflaufe derselben erschlagen worden. Ob er die alten Rechte des Patriciates geschirmt habe, ist schwer zu sagen; doch hat eben er noch Marius' Schwestersohn, den spätern Dictator Caesar, zum Jupiterflaminate erhoben und zum ersten Male wieder seit mehr als dritthalb Jahrhunderten, im Jahre 86, einen Patricier neben sich mit dem Consulate bekleidet.[7]

Auch nach seinem Tode ist unter ganz leidlich geordneten Zuständen der Anspruch des Patriciates auf die eine Consulstelle durch die Erwählung jenes Cornelius Scipio berücksichtigt worden, von dessen Beziehungen zu Sulla und Schonung durch den Gentilen früher die Rede war.[8] Unter dem Toben des Bürgerkrieges ist dann freilich der

---

[1] Stellen bei Lange III², 121. 5.
[1] Willems II, 250; doch ist die Beweisführung, dass ἀσφάλεια (Plutarch, Sulla 8), d. h. Justitium auch nur für diese Zeit SC. ultimum voraussetze, nicht ganz zwingend.
[2] ᾗ θέλις ἔχιν ἢ τὴν στρατιωτῶν αἰτίαν, καὶ αὐτὸν οἱ μὲν ἄρχοντις τοῦ στρατοῦ, χωρὶς ἑνὸς ταμίου, ἐκδράσαν ἐς Ῥώμην, οὐχ ὑπιστράμιοι στρατὸν ἄγιιν ἐπὶ τὴν πατρίδα, πρὶσβεις ἔ῎ἐν ὁδῷ καταλαβόντις ἐρώτων, τί μιθ᾽ ὅπλων ἐπὶ τὴν πατρίδα ἔλαυνι, ὁ δ᾽ εἶπιν ἐλιυθιρώσων αὐτὴν ἀπὸ τῶν τυραννούντων. Appian, Bürgerkriege I, 57 hier bei Weitem am genauesten. Sonstige Nachrichten bei Drumann II, 437; Lange III², 125.
[4] So nach Cassius Dio, der hier einer Sullanischen, genau unterrichteten Quelle folgt (Fr. 102, I, 140 Dindorf): τῇ τοῦ Σύλλου σπουδῇ ἐκαδίσατο καὶ οὐδὲν ὅτι οὐ κατὰ γνώμην αὐτοῦ πράξιιν ὑπέσχιτο.
[5] Eben bei Cassius Dio, der allein Sulla's Unlust, gegen Mithridates zu ziehen, bemerkt; doch Cinna unmittelbar nach Antritt seines Consulates αὐτὸν οὕτω τῶν πάντων ἐπιθδάσειν ὡς καὶ τὸν Σύλλαν ἐκ τῆς Ἰταλίας ἐκβαλεῖν, πρέφασιν μὲν τὸν Μιθριδάτην ποιησάμινος, ἔργῳ δὲ ἐπιδυμίας αὐτὸν ἀπατήσαι οἵ, ὅπως μὴ ἰγγύθιν ἰτιράζιων ἰμπσδὼν πρὸς ὃ ἐπαττι γένηται.
[6] Rudolf von Scala, ,zur Charakteristik des Verfassers der Rhetorica ad Herennium' in Fleckeisen's Jahrbüchern für class. Philologie, 1885, CXXXI, 221 ff.
[7] Vgl. oben B. 38, Anm. 1.
[8] Vgl. oben S. 21, Anm. 5.

nächste Consulat rein marianisch und plebejisch, in der Person eines jungen Marius auch mit Verletzung der Annalgesetze ausgefallen.

Aber viel zu sehr hat man in den sullanischen Einrichtungen, welche während der eigentlichen mehr als zweijährigen Alleinherrschaft des entsetzlichen Siegers getroffen wurden, die Stärkung des Amtsadels und seiner quasiconservativen Fanatiker, der Nobilität und der Optimaten, oder die Erneuerung der ehemaligen Ansprüche des Senates hervorgekehrt. Wer sich aber der früher vorgeführten patricischen Gentes erinnert, und wie sie zum Theile nur auf wenigen Augen standen — um einen unserer alten edlen Ausdrücke zu gebrauchen — der wird die ungemeine Steigerung des Einflusses zu erwägen wissen, welchen dieser erlesene Kreis der einstigen ausschliesslichen Staatsgebieter durch die sullanische Verfassung erhielt.

Selbstverständlich ist der Patriciat zunächst regelmässig im Consulate vertreten. Das dauert bis in das Jahr, in welchem, wie sogleich näher zu erörtern sein wird, M. Aemilius Lepidus an der Spitze eines Heeres die Verfassung zu beseitigen und für sich die Herrschaft zu gewinnen suchte. Auf dem Boden der Hauptstadt, auf dem Marsfelde, wurde er zwar von den Truppen des Senates unter Führung eben des Plebejers geschlagen, der im Jahre vorher sein College im Consulate gewesen war. Dennoch ist ein anderer Aemilius Lepidus, freilich kein geborener Patricier, aber doch durch Adoption als Livianus zum Patriciate erhoben, für den Rest dieses Jahres 77 zu der einen Consulstelle gelangt. Aber in den nächsten vier Jahren 76 bis 73 geboten ausschliesslich plebejische Consulpaare.[1] In den beiden nächsten Jahren folgen dann freilich wieder Patricier, je ein Cornelius Lentulus aus den Familien der Clodiani und Surae. Dann aber kam es zu der ersten durchgreifenden Erschütterung, welche die sullanischen Ordnungen mit dem Consulate der beiden, gerade mit und unter Sulla mächtig gewordenen Plebejer Pompejus und Crassus im Jahre 70 erlitten.

Die höchste Gefahr aber war nicht nur der Gesammtheit dieser Ordnungen mit der Herstellung des Zustandes vor Sulla's Siege, sondern allem Anscheine nach dem ganzen bisherigen Staatszustande durch die Fehde erwachsen, welche ein Standesgenosse und gegen Ende des Bürgerkrieges nützlicher Kriegshelfer Sulla's, jener M. Aemilius Lepidus, als Consul im Jahre 78 vorbereitete[2] und in Verbindung auch mit Cinnanern unter der Führung des jugendlichen Sohnes Cinna's[3] begann. Seine Dominatio würde voraussichtlich einen ähnlichen Zustand bewirkt haben, wie ihn sein Sohn als Triumvir vierundvierzig Jahre später einführen half. Es ist doch, obwohl auch ein Patricier, der Zwischenkönig Appius Claudius,[4] formell von dem Senate mit der Abwehr dieses Angriffes betraut wurde, die plebejische Nobilität unter Catulus' und Pompejus' Führung gewesen, welche dieses Beginnen zunichte machte. Aber verderben konnten sie Lepidus nicht: er hat noch, wie vermuthlich so mancher seiner Ahnen vor mehr als einem halben Jahrtausend, wenn auch gerade nicht mit seinem Clan, doch an der Spitze von bewaffneten Getreuen die Küste erreicht und endete an Krankheit im Besitze dieses Herrschaftsrestes auf Sardinien.

---

[1] Willems, Sénat I, 432 f.

[2] Quoniam Lepidus exercitum privato consilio paratum cum pessimis et hostibus reipublicae (er selbst gehört nicht in diese Kategorie) contra huius ordinis auctoritatem ad urbem educat. Oratio Philippi §. 12, wohl wesentlich echt und nur von Sallust für das erste Buch seiner Historien überarbeitet. Das scheint auch Mommsen's Ansicht zu sein: Römische Geschichte II⁹, 26.

[3] L. Cinnae et qui cum eo civili discordia Lepidum secuti est. Exston, Caesar 5.

[4] ...ut Appius Claudius interrex cum Q. Catulo proconsule et ceteris quibus imperium est urbi praesidio sint operamque dent, ne quid res publica detrimenti caperet. So lauten Fortsetzung und Schluss von Philippus' Rede.

Welch weite Verbreitung unter dem Patriciate das Beginnen Catilina's gewann, wie
Cicero selbst seinen Kampf und Sieg als einen solchen gegen den Patriciat fasste, ein
Manlier neben dem Sergier die Fehde offen begann, ist früher von mir erörtert worden. [1]
Man glaubt hierbei zuweilen den römischen Staat wieder in seine Elemente auseinander-
treten zu sehen. Sallust aber hebt hervor, dass Catilina nach der Herrschaftsform Sulla's
die von ihm erstrebte gedacht hat. [2]

Nun folgt der seltsame Zeitraum von dreizehn Jahren bis zur Ergreifung der Dominatio
durch Julius Caesar, der alle Anderen seines Doppelnamens wie Schatten erscheinen lässt.
Kaum sechzehnjährig Jupiterpriester, zehn Jahre später Pontifex, nach eilf weiteren
Jahren, etwa siebenunddreissigjährig, Pontifex maximus, seit seinem ersten Consulate
stets auch in gebietender politischer Stellung, der die beim Auszuge im Beginne des
Kalenderjahres 58 den capitolinischen Gottheiten nuncupirten Gelübde glänzend bei seinem
Triumphe einlöste, hat Caesar, obwohl er nie der Patricier Namen und Stellung erwähnt,
doch seine bevorzugte, ja göttliche Herkunft stets hervorgehoben. Mit dem Cassischen
Gesetze hat er freilich den alten Patriciat zerschmettert. Aber selbst Patricier hat er doch
das alte am Consulate seinen Standesgenossen gegenüber begangene Unrecht gesühnt, indem er offen, und nicht blos wie Cinna durch Sufficirung, zwei Patricier mit dem Consulate ausstattete: zuerst im Jahre 46 sich selbst und Marcus Lepidus.
Er hat eine Zeitlang und nicht nur zum Scheine — ganz abgesehen von seinen beiden,
thatsächlich nicht zu schwer wiegenden plebejischen Collegen im sogenannten ersten
Triumvirate — an einem Claudius Pulcher, jenem Scheinplebejer Clodius,[3] einen Rivalen
der Macht gehabt, dessen weitreichender Einfluss und übersprudeluder, doch von Manchen
hochgeschätzter Charakter für uns Spätgeborene so schwer zu beurtheilen ist. Mit Clodius'
Ermordung und der in demselben Jahre gelingenden Niederwerfung des gallischen Auf-
standes beginnt Caesar's Emporschreiten zur Monarchie.

Wie hat man nur ernstlich Cicero eine imposante Vermittlerrolle zuschreiben können,
al sCaesar die Fehde begann oder wenn man lieber will: als der Streit zwischen Caesar und
formell freilich dem Senate, thatsächlich aber der plebejischen Nobilität vor der Waffen-
entscheidung stand! Gewiss, aus einigen seiner Briefe soll man nach Cicero's eigenem
Wunsche glauben, dass er durch eine Anzahl Tage eine so gewaltige Position eingenommen
habe, etwa der vergleichbar, welche ihm nach Caesar's Tode wirklich eine Zeitlang
beschieden war, bis die natürliche Feindseligkeit der Parteien und vor Allem seine eigene
Ueberhebung ihn zum Verderben führten.
Ich brauche wohl nicht auch bei diesem Anlasse zu wiederholen, wie ich in der
Bewunderung der unvergleichlichen rednerischen und schriftstellerischen Verdienste Cicero's
gewiss Niemand nachstehe.
Aber ich bin doch auch der Worte eingedenk, welche er einem von ihm besonders[4]
hochgeschätzten Redner in den Mund legt,[5] dass man vor Gericht eadem de re alias
aliud zu sagen habe; es sei das eine Sache quae mendacio nixa sit, ... quae
opiniones hominum et saepe errores aucupetur. Und ein weiteres Moment kommt

[1] CP 21, 32, 46. Anm. 8.
[2] post Sullae dominationem ... Sallust, Catilina 5, 6.
[3] CP 64 und 22 mit Anm. 4.
[4] M. Antonii omnium eloquentissimi quos ego audierim. Tuscul. V. 19, 55.
[5] De oratore II, 7, 30.

denn doch auch in Betracht, um Cicero's Verhältniss zu Caesar unmittelbar vor dessen Einbruch in Italien zu würdigen: seine Bereitwilligkeit, dem Machthaber womöglich zu dienen, vollends wenn er ihm, wie ja hier der Fall,[1] wirklich zärtliche Empfindungen entgegenbrachte. Drei Jahre nach jenem Einbruche und zwei Jahre ehe er an der Seite der Caesarmörder gegen deren Feinde stritt, berühmte er sich in tiefem Vertrauen: ‚Von allen denen, welche Caesar's Zuneigung besitzen, erfahre ich so viele Schätzung und Achtung, dass ich an ihre Liebe glauben kann‘.[2] Immerhin folgte er wohl dabei dem offen von ihm bekannten Grundsatze, dass auch der beste Bürger politische Biegsamkeit besitzen müsse,[3] und in der gelegentlichen Ueberzeugung, Caesar handle gar noch im Jahre 45 genau nach seinen, Cicero's, Rathschlägen.[4]

Zu allem Ueberflusse liegt uns aber Caesar's eigener Brief an Cicero vor, in welchem er ihm nach den ersten Entscheidungen in Italien absolute Neutralität als das für den grossen Schriftsteller einzig Sichere und Würdige empfiehlt.[5] Cicero hat eben auch vergessen sollen, dass die Kriegsmacht, welche der patricische Oberpriester aus den Gallien herangeführt hatte, dessen eigene war und dass die ‚Masse des Caesarischen Heeres‘ auf den Namen Römer überhaupt keinen Anspruch hatte, der Siegesbeute in Italien[6] wie in den Provinzen mit überspannter Begierde und völliger Gleichgiltigkeit gegen die überkommenen Staatsordnungen entgegensah.

Caesar bekennt sich ja auch selbst ganz offen zum Beginne der Fehde, ‚um den von seinen Feinden ihm angethanen Schimpf abzuwehren‘,[7] nach deutscher[8] Auffassung: ihn zu sühnen. In zweiter Linie folgt die Absicht, die ‚aus der Bürgerschaft (e civitate) vertriebenen Volkstribunen zurückzuführen‘, in dritter aber die, ‚sich‘ und dem römischen durch eine Partei weniger Personen unterdrückten Volke die Freiheit zurückzuschaffen‘. Vollkommener kann das angeborene Fehderecht des Patriciers nicht ausgedrückt werden, und ich wage zu behaupten, dass Sulla, Cinna und Lepidus[10] in ähnlichen Formen ihr Beginnen gerechtfertigt haben dürften. Auch Catilina konnte in der Anrede an die Genossen vor den Consulwahlen ähnlich sprechen: auch er bezeichnete die Wiedererwerbung der Freiheit, die Befreiung des Staates von einer selbstsüchtigen Oligarchie als sein Ziel.[11]

---

[1] C P 4 f.

[2] — sic ... color, sic observer ab omnibus iis, qui a Caesare diliguntur, ut ab iis me amari putem. Ad famll. IX, 16.

[3] — civis ... ita optimi ut tempora quibus parere omnes saltasse praecipiunt (Ad Atticum XII, 51). Aliter enim falsnemus et in bus inofficiosi et in nosmet ipsos, si illum offensuri fuimus paene periculosi (ib. XIII, 27, 1). Sed ut roepi non me hoc turpe deterret (ib. 28, 1).

[4] — neque est facturus quidquam nisi de meo consilio. Ad Atticum XIII, 31.

[5] C P 7, 8.

[6] Heinrich Nissen, Der Ausbruch des Bürgerkrieges 49 vor Chr. in v. Sybel's Historischer Zeitschrift XLIV, 1880, 112 (die Fortsetzung XLVI, 1882, 48 ff.).

[7] — se ... ex provincia egressum, ... uti se a contumelia inimicorum defenderet. I, 22.

[8] Vgl. oben Einleitung am Ende.

[9] — ut se et populum Romanum factione paucorum oppressum in libertatem vindicaret. l. l.

[10] In Lepidus' Rede hat dies Sallust in dem erwähnten ersten Buche seiner Historien doch nicht deutlich hervortreten lassen. Zur Rechtfertigung seiner Bekämpfung der Gegner, in denen Lepidus als Consul nur Diener der blutigen Tyrannei schildert, führt er (§. 26) an, dass er für seine Abnecabre, ‚nomini maiorum‘, mit seiner Stellung zufrieden sein könne, jedoch dem Volke die verlorene Freiheit wieder verschaffen wolle. Der Gegensatz gegen die Nobilität, die er angreift, wird aber schaan genug ausgedrückt, vielleicht nur gemäss Sallust's eigener Stellung dem Patriciate gegenüber (vgl. oben S. 6, Anm. 3); praeclara Brutorum atque Aemiliorum et Lutatiorum proles (§. 3). Oder sollte Lepidus absichtlich und king die eigenen patricischen Clangenossen zwischen jenen plebejischen Familien, wegen der gleichmässig von ihnen als Sullanern verleugneten majorum virtus, gerügt, Lutatii, d. h. Catuli, Junii Bruti und Aemilii als Menschen gleichen Adels genannt haben?

[11] Nach seiner wesentlich authentischen Rede bei Sallust, Catilina 20: ... nisi nosmet ipsi vindicamus in libertatem ... res publica in paucorum potentium ius atque ditionem concessit. Sallust hat sich doch schwerlich erlaubt, Worte seines Meisters Caesar diesem Catilina in den Mund zu legen.

Nun dürfte doch der Gesichtspunkt der Kriegseröffnung von Caesar's Seite sich etwas anders, als bisher geschehen, darzustellen. Die Vorwände und Vorbereitungen sind ja beiderseits mannigfach geartet, und die Wandlungen im Schoosse des Senates selbst bis zur vollendeten Katastrophe haben von Herrn Heinrich Nissen noch neuerlich eine eindringende und überzeugende Darlegung erfahren, der ich mich, von dieser Grundverschiedenheit unserer Gesichtspunkte abgesehen, für die meisten Einzelheiten[1] anschliessen kann.

Dass Cicero, indem er eben (4. Januar 49) nach Rom aus seiner Statthalterschaft zurückkehrt und einen freundlichen Empfang findet, auch die Führer auf beiden Seiten zu seinen persönlichen Freunden und Gönnern zählen kann, den angenehmen Versuch machte, durch seine Vermittelung den Bürgerkrieg zu verhindern, ist ja ganz begreiflich. Aber er täuscht sich selbst und seinen braven Tiro, wenn er neben diesem ,Wollen' auch ein ,Können' hinzufügt, dem nur menschliche Begehrlichkeiten und Kampfgelüste im Wege ständen:[2] eben diese muss ja jeder Vermittler zähmen oder befriedigen können. Der Inhalt seines Vermittlungsversuches ist in der H. Nissen'schen Abhandlung[3] gewiss richtig angegeben. Noch Vellejus (II, 48, 5) hat, wie dort auch hervorgehoben ist, dieses Versuches des gleich ihm selbst niedrig geborenen Gelehrten in dem Streite zwischen Caesar und Pompejus gern gedacht. Cicero selbst hat, wie neuerlich eben Heinrich Nissen selbst (S. 86), ,ein rühmliches Blatt in der Geschichte seines Lebens', in diesen ziellosen, nach der Natur der Parteien unmöglichen Verhandlungen gesehen. Caesar aber hat das Verhandlungsspiel artig einige Tage fortgehen lassen, wie in dem scheltenden Briefe eines von Cicero Beauftragten ergötzlich zu lesen ist.[4]

Das Entscheidende aber dürfte doch sein, dass Caesar in der Denkschrift über den Bürgerkrieg bei Erörterung aller Motive, Nennung aller Namen im vierten Capitel des ersten Buches auch nicht mit einer Silbe und Andeutung dieses ganzen Biedermannversuches gedenkt.[5] ich meine aus Achtung und Schonung für Cicero's unsterbliche sonstige Verdienste. Er hätte ja sonst das dringendste Interesse gehabt, seine grosse Friedensliebe durch Mittheilung der für ihn wahrlich nicht zu günstigen Versöhnungsvorschläge Cicero's zu zeigen, wenn er dieselben jemals ernstlich gebilligt oder überhaupt nur Werth auf sie gelegt hätte. Dass ein Bedienter wie Tiro sie ernst nahm, hätte nie als Argument erscheinen sollen.

Noch ist über die Form der Fehdeankündigung eine Beobachtung beizufügen, welche die neuerlichen Forschungen über die Bedeutung von Tumultus und Institium[6] zu ver-

---

[1] Ich erwähne doch gleich hier zu der Bemerkung (Hist. Zeitschr. XLVI, 60): ,Der Aufstand Galliens hatte alle Berechnungen durchkreuzt' u. s. w., dass Caesar die Nachricht von Pompejus' Ernennung zum Ruhestifter in Rom im Jahre 52 noch in Italien angeblich mit Befriedigung und vor Anlangen der Nachricht vom gallischen Aufstande erhielt; his rebus in Italiam Caesari nunciatis, quum iam ille urbanas res virtute Cn. Pompei commodiorem in statum pervenisse intellegeret, in transalpinam Galliam profectus est. Bell. Gall. VII, 6, 1.

[2] — ineidi in ipsam flammam civilis discordiae vel potius belli. Cui cum cuperem mederi et, ut arbitror, possem, cupiditates certorum hominum, nam ex utraque parte sunt qui pugnare cupiant — impedimento mihi fuerunt. Omnino et ipse Caesar, amicus noster, u. s. w. Ad famil. XVI, 11.

[3] XLIV, 83 ff. Die Zurückführung (S. 84) von Plutarch's Darstellung (Caesar 31, Pompejus 59) auf Asinius Pollio wird wohl Nissen nach meinen Ausführungen über diesen Autor selbst nicht mehr festhalten wollen.

[4] — eum ad te profecturus Arimino ad te noctu venissem, dum mihi paris mandata das ad Caesarem et miriticum circum agis cet. Caelius Rufus an Cicero, Famil. VIII, 17, 1. H. Nissen zieht auch diesen Brief als Beweis herbei.

[5] Inzwieweit pflichte ich dem von Drumann III, 440 mit anderen Worten Gesagten gern bei; aber der Ton, den er sich wie sonst so in der Schilderung VI, 186 —192 über Cicero's Haltung erlaubt, scheint mir weder zutreffend, noch würdig.

[6] Adolf Nissen, Das Iustitium. 1877, und desselben schon wiederholt in dieser Abhandlung verwertheten Beiträge zum römischen Staatsrecht, 1885. Dazwischen fällt die oben (S. 43, Anm. 6) citirte Abhandlung Heinrich Nissen's über den Ausbruch des Bürgerkrieges 49 v. Chr., und Willems, Sénat II, 243 ff.

vollständigen geeignet sein dürfte. Hier ist zunächst jede Beziehung beider uralten Formen des Verfassungslebens zu dem in den gracchischen Unruhen aufgekommenen Senatusconsultum auszuscheiden, obwohl sie seitdem oft genug auf diesen Senatsbeschluss folgten.[1]

Wir haben früher‘ gesehen, wie energisch sich die beiden Iulii Caesares gänzlich nach patricischem Sinn und Recht in der Scheinbelangung des alten Rabirius gegen diese nicht herkömmliche Gewaltsamkeit erklärten. Die letzte förmliche Erklärung des Tumultus mit Anlegung des Kriegskleides ist aber nach Caesar's Tode doch erst im Jahre 43 verfügt worden,[2] obwohl man noch in Kaiser Tiberius' Zeit die Bedeutung der Sache durchaus gegenwärtig hatte.[3] In dem ersten auf Italien beschränkten Theile des von Caesar begonnenen ‚Bürgerkrieges‘ tritt seine Natur in ein besonders helles, neuerlich ganz klar enthülltes Licht.[4] Bei dem Kampfe gegen die Catilinarier ist die Erklärung des Tumultus höchst wahrscheinlich überhaupt nicht erfolgt.[5] Aber merkwürdig ist doch, dass ein Patricier, der jüngere Manlius Torquatus, vor Gericht behaupten konnte, einer von Catilina's Genossen, ein Cornelius Sulla, habe in Neapel Gladiatoren zu Mord und Tumultus gekauft.[6]

Bei Lepidus' Aufstande treffen mindestens in einer auf uns gekommenen Rede‘ die sonst bekannten Signaturen der Erklärung des Tumultus zu: die Waffenerhebung gegen die geordnete Obrigkeit, ohne dass diese den Betreffenden selbst zum Staatsfeinde und die Bewegung als Krieg erklären könnte. Sulla's italische Kämpfe und Proscriptionen bezeichnet Cicero in jener ersten grössern unter Sulla's Herrschaft gehaltenen Rede als Tumultus.[8] Von Cinna's Fehdeführung sagt mindestens ein so ängstlicher Autor wie Cornelius Nepos, dass sie dasselbe war.[9] Der römische Dictator aber war auch seinerseits ohne Genehmigung des Senats berechtigt, den Tumultus zu befehlen[10] (decernere).

---

[1] Willems II, 230 f. und 217. In Adolf Nissen's Ausführungen ist diese Verbindung mit dem Senatusconsultum ultimum vielfach für die Darlegung trübend geworden. Schon Heinrich Nissen hat XLVI, 91 darauf hingewiesen, dass keineswegs dem Senatusconsultum ultimum das Decretum tumultus zu Grunde liege; aber auch er legt dieser Einschränkungsform des öffentlichen Lebens, die statt der kraftvollen und unbequemen Dictatur erfunden wurde, deinen Verfassungswerth bei, den sie nur erst patricisch gewonnen hat; er nennt auch (a. a. O. 92) irrig Sallust, Catilina 29 als Zeugen, da dieser caesarianische Autor ganz auf dem ciceronianischen Standpunkte der möglichsten Ignorirung und Befeindung des Patriciates steht. Vgl. oben S. 6, Anm. 1 und S. 43, Anm. 10.

[2] Vgl. oben S. 22.

[3] Willems II, 263 in besonnenster Erwägung. Nur denke ich, dass Dio Cassius' Quelle, welche für 63 wie 43 das Decretum tumultus dem Senatusconsultum ultimum vorangehen lässt (XXXVII, 31; XLVI, 29 und 31 bei Willems nur als Thatsache citirt) doch nach der motorischen damaligen Nobilitätspraxis des Gegentheils auf einen jüngern antiquarischen Irrthum zurückgehen dürfte.

[4] ... accersitur Cn. Lentulum (einen Cornelier) et Scium Tuberonem nominat magno pudore Caesaris, cum primores civitatis intimi ipsius amici, ... tumultus hostilis (dieses ungeeignete Wort ist wohl von Tacitus hinzugefügt) et turbandae reipublicae accersentur. Tacitus, Ab exc. IV, 29.

[5] Heinrich Nissen a. a. O, XLIV, 124; XLVI, 52—57, 92, 105. Vermuthlich nach Caesar's Sinne ist die Erwähnung eines etwaigen tumultus in der lex colonica Genetivae c. 62 mit entsprechender Aufhebung der Vacationen: Ephem. epigr. III, 91.

[6] Vgl. die entgegengesetzte alleinstehende Behauptung bei Cassius Dio XXXVII, 31, 1 (ταραχήν τε ἦσαν καὶ ξένους τῶν ἄλλων πόλεων προσέταξε) oben Anm. 3. Der von Wiedemann (Philologus 1864, XXI, 173 ff.) geführte Beweis, dass Appian für die Geschichte der catilinarischen Verschwörung lediglich Sallust und Plutarch folgt, soll doch bei diesem Anlasse in Erinnerung gebracht sein.

[7] — gladiatores emptos esse Fausti simulatione ad caedem ac tumultum. Cic. pro P. Sulla 19, 54.

[8] — hoc tumultu proximo cum omnium nobilium dignitas et salus in discrimen veniret. Cic. pro Roscio Amerino 6, 16.

[9] Atticus ... vidit Cinnano tumultu civitatem esse perturbatam. Cornelius Nepos, Atticus 2.

[10] Willems, Sénat II, 245. Adolf Nissen, Iustitium 76 ff.

In einer oft citirten Stelle,[1] welche wohl auch eine Quelle anderer als selbständig geltender[2] gewesen ist, erklärt Cicero, es gebe nur einen heimischen oder italischen und einen gallischen Tumultus, das heisst doch nicht bloss einen gegen Gallier von den Römern angeordneten, sondern auch von Galliern ausgehenden. Ist das richtig, wie doch scheint, so hätten, von der Nachbarschaft abgesehen, die beiden nächst verwandten Stämme der Italiker und Kelten auch diese staatsrechtliche Eigenthümlichkeit[3] gemeinsam.

Das Wort wird von demjenigen Forscher,[4] welcher sich unter den Neueren zuerst eingehend mit der Frage befasst hat, durch ‚Besorgniss erregende Gährung‘, sein Zusammenhang mit tumor, tumeo, tumulus aber für richtig erklärt. Aber sollte es nicht einfach die zu kriegerischer Thätigkeit geschehende Anschwellung oder Menschenansammlung bezeichnen? Der Begriff würde sich hiernach zunächst mit dem deutschen samenunge decken. Ueber dieses Wort gibt Herr College Richard Heinzel freundlich die nachfolgenden Aufklärungen: „Die Bedeutung ‚Dienerschaft‘ kommt ein paar Mal in poetischen Denkmälern vor: ‚des wirtes (Hausherrn) samenunge‘, ist also vielleicht nicht technisch. Wohl aber ist samenunge technischer Ausdruck für ‚Aufgebot‘, ‚Rüstung einer Streitmacht‘. So wird in Rechtsquellen verboten, eine samenunge zu machen.“

Wenn ein solcher, der Samenunge ähnlicher Tumultus erklärt wird, so ist nach deutscher Analogie die Thatsache der Fehde zwar noch nicht ohne Ansage vorhanden; aber ich denke, an der Vergleichbarkeit mit deutschem Fehdebrauche wird man nicht mehr zweifeln können.

Hier sind noch die Nachrichten zu erwägen, welche über die Formen und Bedingungen des Eintrittes in diese altitalische samenunge vorliegen, wie ich den Tumultus noch einmal verdeutlichen will.

Vergil, der den Tumultus wiederholt nennt, schildert ihn im Beginne des achten Buches der Aeneis derart, dass von Turnus' Burg ein Kriegszeichen gegeben ward und hierauf sofort die Mannschaft einen Eid leistet.[5] Zu einer andern Stelle (VII, 614) bringt aber Virgil's Erklärer Servius den Aufschluss, dass bei Erklärung des Tumultus eine eigenthümliche Form der militärischen Verpflichtung eintrat, welche den in jenem Beginne des achten Buches erwähnten Eid näher bestimmt. Es fand nämlich weder eine Verpflichtung zu ordentlichem Kriegsdienste durch das Sacramentum, noch ein Aufruf aller Patrioten durch den Consul bei einer plötzlichen Kriegsgefahr statt, eine sogenannte Evocatio.[6] Bei dem Tumultus trat vielmehr eine Conjuratio, eine gemeinsame und wohl

[1] Quid est enim aliud tumultus nisi perturbatio tanta ut major timor oriatur unde etiam nomen ductum est tumultus. Itaque majores nostri tumultum Italicum, quod erat domesticus, tumultum Gallicum quod erat Italiae finitimus, praeterea nullum nominabant. VIII Philipp. 1, §. 3.

[2] Festus 355 M. s. v. tumultuarii milites: unde etiam tumultum dici ait Verrius, quia non aliunde exoritur, quam ab Italicis et Gallicis hominibus (hierin abweichend von Cicero und genauer), qui Italiae imminent itaque nullum tumultum praeter quam Gallicum aut domesticus. Servius ed. Lion I, 447 (ausb I, 431 als nur Italisch und gallisch): Bellum Italicum vel Gallicum, in quibus ex periculi vicinitate erat timor multus. Die gesperrt gedruckten Worte zeigen die Ableitung; dass übrigens Varro für alle drei die Quelle sein könnte, wird mir von besonders kundiger Seite bemerkt.

[3] Als ‚staatsrechtlicher Begriff‘ zuerst von Adolf Nissen a. a O. 76 erkannt. Heinrich Nissen XLVI, 51 formulirt nach meiner Ansicht zu allgemein, indem er den Begriff des Tumults nicht entschieden genug von dem der Seditio trennt: ‚es tritt im Staatsleben der Tumult ein, sobald eine Partei den Weg Rechtens verlässt und die Waffen ergreift, um ihren Willen durchzusetzen‘. Nur ein wirklicher oder früherer höherer Magistrat und vielleicht überhaupt nur ein Patricier — was ja auch Antonius im Jahre 43 war — kann wahrscheinlich als dessen Führer gelten.

[4] Adolf Nissen a. a. O. 72.

[5] — simul omne tumultu conjurat trepido Latium. Aen. VIII, 4.

[6] Marquardt, Staatsverwaltung II, 376, Anm. 2 lcrt, wenn er hierzu auch eine, evocatio und conjuratio verwechselnde Stelle bei Donat. ad Terent. Eunuch. IV, 7, 2 citirt, wo es heisst: hujusmodi militia per tumultum repente suscipitur et dicitur

gegenseitige eidliche Verpflichtung ein.[1] Eben eine solche band also die Heere der Patricier, welche auf Grund wirklicher oder angemasster magistratischer Gewalt die Waffen gegen den römischen Staat erhoben.

Auch der Plebejer Pompejus liess als Consul ohne Collegen im Jahre 52 vor Chr. ‚die gesammte waffenfähige Mannschaft Italiens sich schwören‘.[2] Aber merkwürdigerweise ist er niemals zum Oberbefehlshaber gegen Caesar ernannt worden.

Selbstverständlich hat es auch eine Form des Tumultus gegeben, welche nur einen hinterlistigen Ueberfall zum Zwecke hatte. So erklärt Servius[3] die ‚blinden Tumultus‘, von welchen Virgil einmal in den Georgica (I, 464) als den Staat bedrohend spricht. Aber ein grossartiger und echt poetischer Vergleich ist es, dass in der Aeneis (VI. 857) der zweite punische Krieg, den Marcellus entschieden habe, also ein Plebejer, ein magnus tumultus genannt wird.

Wie weit ein ‚Recht‘ der Fehde — vergleichbar dem gesetzlichen der deutschen Reichsstände bis zum ewigen Landfrieden und dem factischen noch lange darüber hinaus — bei den italischen Clanführern bestand, ist wohl nicht nachzuweisen; aber wie Appius Herdonius' Anfall nach Analogie oder Tradition bei Livius (III, 15, 6) als Tumultus bezeichnet wird, so wird man den Anspruch der Patricier, sobald sie sich einmal in der sonstigen Staatsgemeinschaft geschädigt, gleichsam aus ihr ausgestossen sahen, kaum in Abrede stellen können.

Eine Reihe von Bewegungen des ersten Jahrhunderts v. Chr., ausgehend von römischen Patriciern und als Tumultus anerkannt von entscheidender Bedeutung für die Geschicke des römischen Volkes, dürfte mit diesem, in die ältesten Zeiten italischen Staatslebens zurückreichenden und in der verlöschenden römischen Republik mit elementarer Gewalt hervorbrechenden, ob auch angemassten Fehderechte ihre Erklärung für uns finden, wie diese Bewegungen ihre Rechtfertigung in den Augen vieler damaligen Zeitgenossen gefunden haben, welche auf jener Patricier Ruf zum Schwerte griffen.

---

evocatio, ubi das allzquitur civeo: qui rempublicam salvam vultis, me sequimi. Eben dies (qui rempublicam salvam vult esse me sequatur) sind die Worte, welche der Consul bei einem subitum bellum, aber keineswegs bei einem Tumultus zum Zwecke der Evocatio nach Servius (ed. Lion I, 434) spricht; nach demselben (ib. I, 447) wird es freilich auch vor der bei dem Tumultus statthabenden conjuratio gesagt — was nicht recht denkbar ist.

[1] Conjuratio, quae fit in tumultu (Servius l. L). Der Zusatz ‚quando vicinum urbis periculum singuios jurare petitur‘ wird wohl Servius' eigenes, von der Evocatio nicht genügend scheidende Erklärung sein, wie er denn auch hinzufügt: sicut de Fabia legimus. Ausdrücklich leitet er (l. l. I, 417) die conjuratio von der Thatsache des ‚simul jurabant‘ ab.

[2] Heinrich Nissen a. a. O. XLIV, 413.

[3] Zu ‚Ille (sol) etiam caecos instare tumultus Saepe monet‘ bemerkt eben Servius (II, 226): conjurationes [et] latentes insidias